切开看看里面是什么

①

—— 潜 艇 ——

[英]大卫·韦斯特 著
（David West）
舒丽苹 译

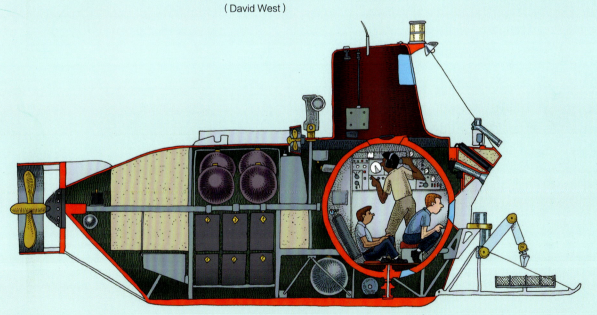

机械工业出版社
CHINA MACHINE PRESS

这是一本向孩子介绍潜艇知识的科普书。书中从最早的潜艇说起，介绍了潜艇的发明、结构、主要部件、功能和用途，不仅有全景图，还对每种类型的潜艇进行了特殊的切开处理，让孩子们在一张大图上就能清晰地看到潜艇的全部构造，并对每一个结构和装置的特点与用途等做出说明，使孩子们能够深入了解潜艇。这是一本能引起孩子阅读兴趣、提升孩子观察能力的科普书，可以培养孩子的科学思维与探索精神。

本书适合亲子共读，大一点儿的孩子也可以独立阅读。

Copyright © David West Children's Books 2015

版权所有 © 大卫·韦斯特儿童读物出版社，2015

本书中文简体版权经由锐拓传媒旗下小锐取得（Copyright @ rightol.com）。

Copyright in the Chinese language (simplified characters) © 2022 China Machine Press.

本书由 David West Children's Books 授权机械工业出版社在中国大陆地区（不包括香港、澳门特别行政区及台湾地区）销售。

北京市版权局著作权合同登记　图字：01-2021-2976 号。

图书在版编目（CIP）数据

切开看看里面是什么. 1，潜艇 /（英）大卫·韦斯特（David West）著；舒丽苹译. — 北京：机械工业出版社，2022.8
书名原文：What's Inside
ISBN 978-7-111-71019-6

Ⅰ. ①切… Ⅱ. ①大… ②舒… Ⅲ. ①科学知识 – 少儿读物 ②潜艇 – 少儿读物 Ⅳ. ①Z228.1 ②U674.76-49

中国版本图书馆CIP数据核字（2022）第101459号

机械工业出版社（北京市百万庄大街22号　邮政编码100037）
策划编辑：黄丽梅　　　　　责任编辑：黄丽梅
责任校对：韩佳欣　刘雅娜　责任印制：常天培
北京宝隆世纪印刷有限公司印刷

2022年8月第1版第1次印刷
215mm×225mm·1.2印张·8千字
标准书号：ISBN 978-7-111-71019-6
定价：129.00元

电话服务　　　　　　　　网络服务
客服电话：010-88361066　机　工　官　网：www.cmpbook.com
　　　　　010-88379833　机　工　官　博：weibo.com/cmp1952
　　　　　010-68326294　金　书　网：www.golden-book.com
封底无防伪标均为盗版　机工教育服务网：www.cmpedu.com

目录

- **4** 早期的潜艇
- **6** 布什内尔的"海龟"号潜艇
- **8** 德国U型潜艇
- **10** 德国海军U-81潜艇
- **12** 袖珍潜艇
- **14** X型袖珍潜艇
- **17** 现代核潜艇
- **18** 核潜艇
- **20** 深潜器
- **22** 阿尔文号深潜器

早期的潜艇

人类历史上的第一艘潜艇,建造于 1620 年,它的动力来自人力划桨;人类在水下生存所需要的空气,是由连接到漂浮装置上的管子来供应的。到了 18 世纪,人类制造了第一艘军用潜艇。1776 年,美国耶鲁大学毕业生大卫·布什内尔设计、制造了"海龟"号潜艇,它由手摇螺旋桨来提供动力。在美国独立战争中,"海龟"号潜艇曾经出动并试图炸毁一艘英国军舰,然而令人遗憾的是,潜艇驾驶员埃兹拉·李未能将水雷成功固定在英国军舰的底部,因此该次行动以失败告终。

从外形上来看,布什内尔设计制造的"海龟"号潜艇像是一个"木桶"。"海龟"号潜艇由单人驾驶,在其顶部的大号螺钉上,固定有一枚可拆卸的水雷。"海龟"号潜艇从水下靠近敌方军舰之后,潜艇驾驶员可以将螺钉拧进敌方军舰底部,这样一来,水雷就可以在敌方军舰近距离爆炸,并最终炸毁敌方军舰。

布什内尔的"海龟"号潜艇

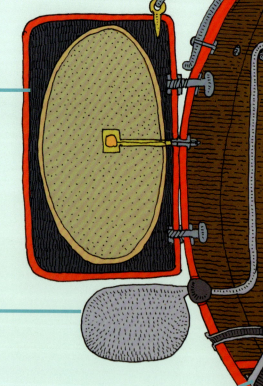

通气管
只要通气管的上端高于水面,那么空气就可以通过通气管进入潜艇。

可拆卸水雷
一旦靠近敌方军舰底部,潜艇驾驶员便可以释放并引爆水雷。

方向舵
驾驶员通过方向舵来控制"海龟"号潜艇。

泵
通过泵,驾驶员能够将水泵入、泵出潜艇的压载水舱。

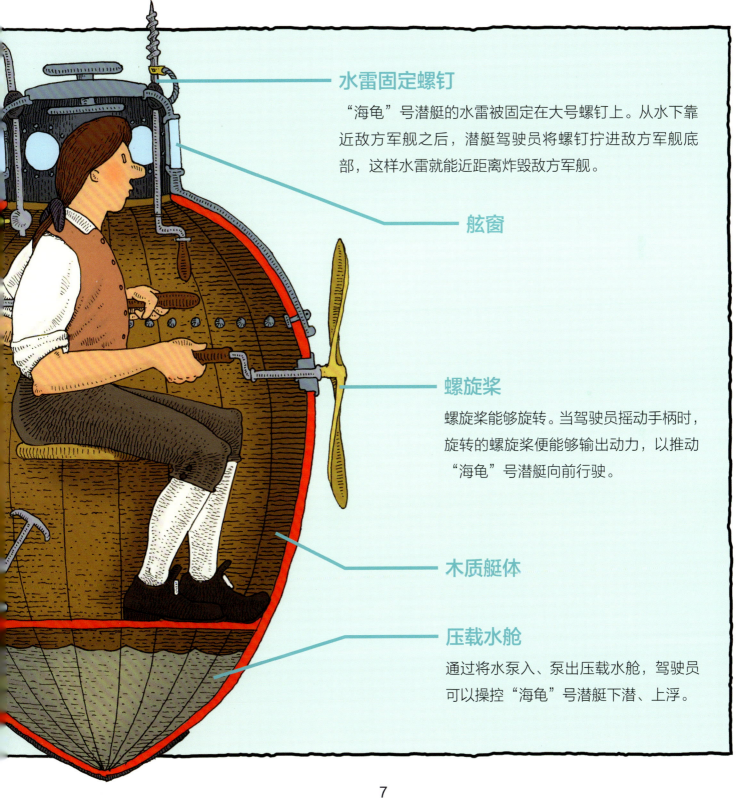

水雷固定螺钉

"海龟"号潜艇的水雷被固定在大号螺钉上。从水下靠近敌方军舰之后,潜艇驾驶员将螺钉拧进敌方军舰底部,这样水雷就能近距离炸毁敌方军舰。

舷窗

螺旋桨

螺旋桨能够旋转。当驾驶员摇动手柄时,旋转的螺旋桨便能够输出动力,以推动"海龟"号潜艇向前行驶。

木质艇体

压载水舱

通过将水泵入、泵出压载水舱,驾驶员可以操控"海龟"号潜艇下潜、上浮。

德国 U 型潜艇

在第一次世界大战、第二次世界大战期间，德国海军都曾经使用过 U 型潜艇。当时，德国海军制定了臭名昭著的"狼群战术"，以猎杀盟军（英国、美国、苏联等）一方的商船以及军舰。具体来说，德国海军在 U 型潜艇上通过潜望镜来监控、观察海面，一旦发现盟军的船只，他们就会发射鱼雷进行攻击。

图中所示是第一次世界大战期间德国海军所使用的U型潜艇，它只能下潜到海平面以下大概90米。到了第二次世界大战后期，德国海军最先进的U型潜艇已经可以下潜到海平面以下300米。

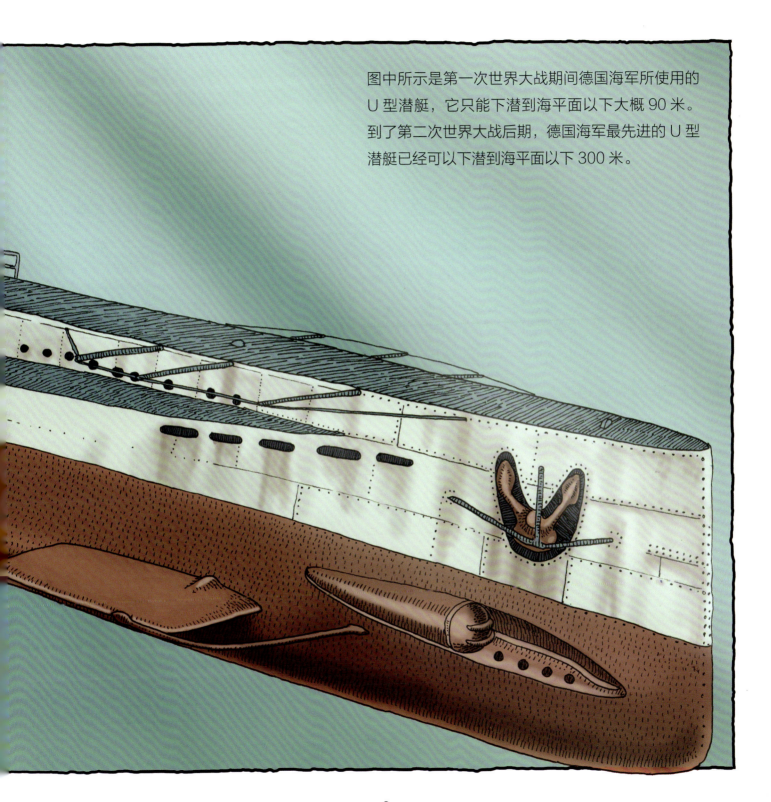

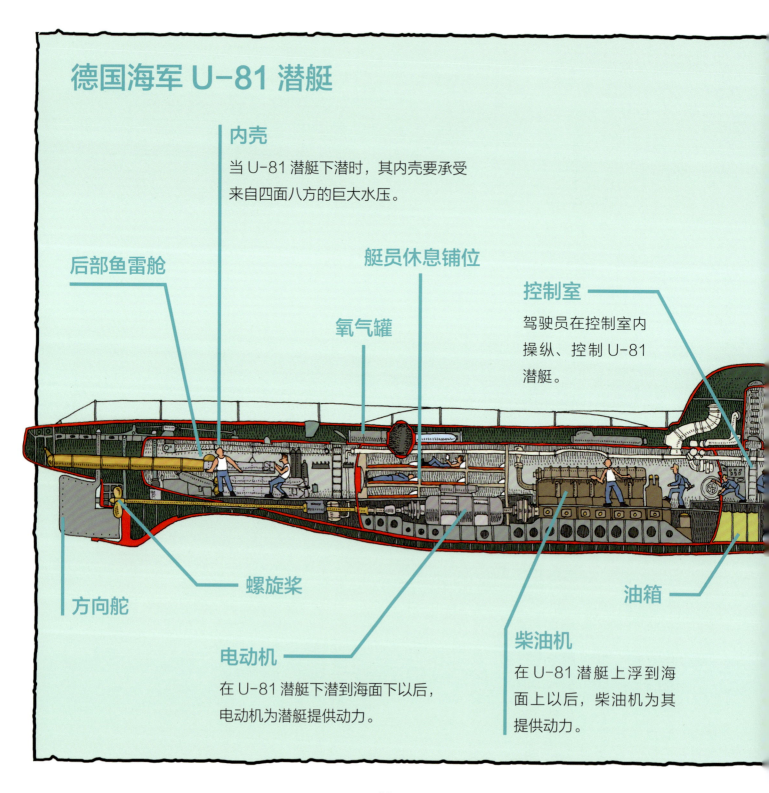

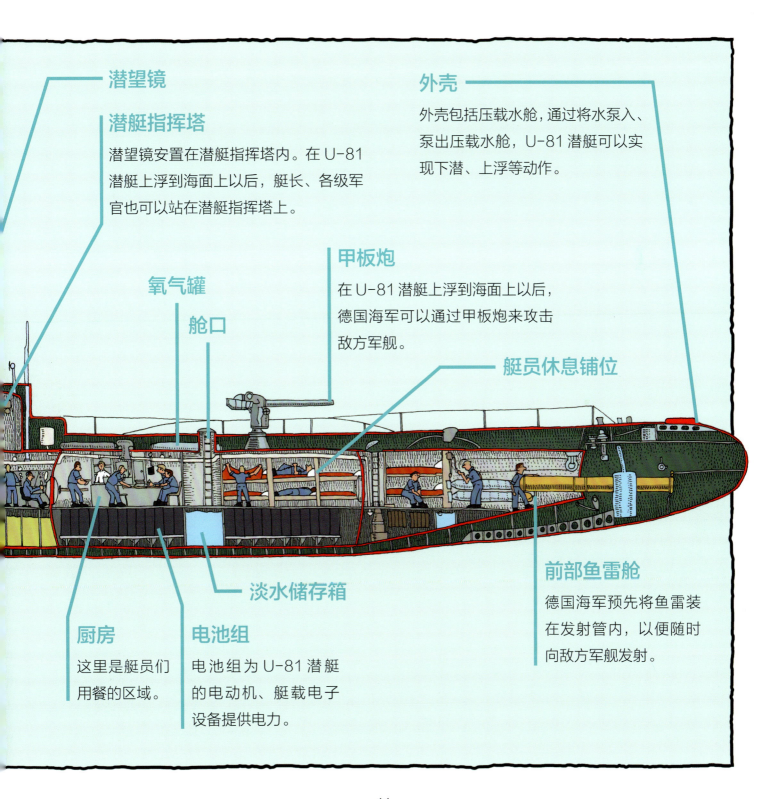

袖珍潜艇

袖珍潜艇又被称为微型潜艇,在第二次世界大战期间,交战双方都曾经使用袖珍潜艇来攻击对方停泊在港口内的战列舰。绝大多数袖珍潜艇由两名到四名工作人员来操控,它们通常是配合母舰进行协同作战。具体来说,就是母舰牵引袖珍潜艇前往作战区域附近,随后袖珍潜艇脱离母舰,单独执行某些特殊的作战任务。

图中所示是英国 X 型袖珍潜艇，在该型号潜艇的艇员中，通常会包括一名潜水员。如果敌方在港口外围水域布有反潜网，潜水员就可以离开潜艇、破坏反潜网，以便让本方袖珍潜艇顺利完成接下来的作战任务。X 型袖珍潜艇的两侧都挂有威力巨大的水雷，这些水雷都装有时间引信，使得水雷能够被定时引爆。X 型袖珍潜艇的艇员能够从容地将这些水雷布置在敌方军舰下方的水域。

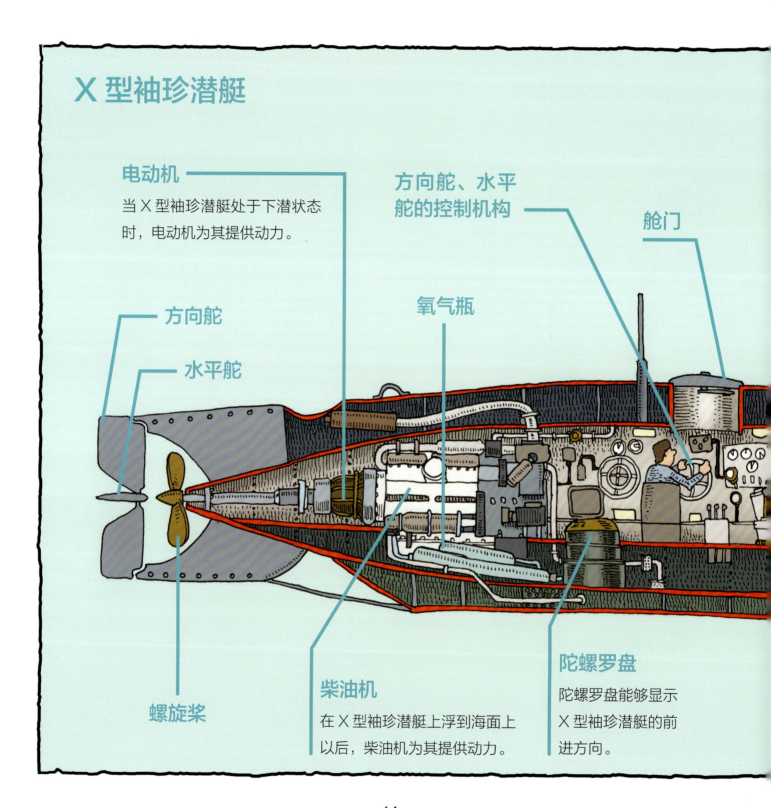

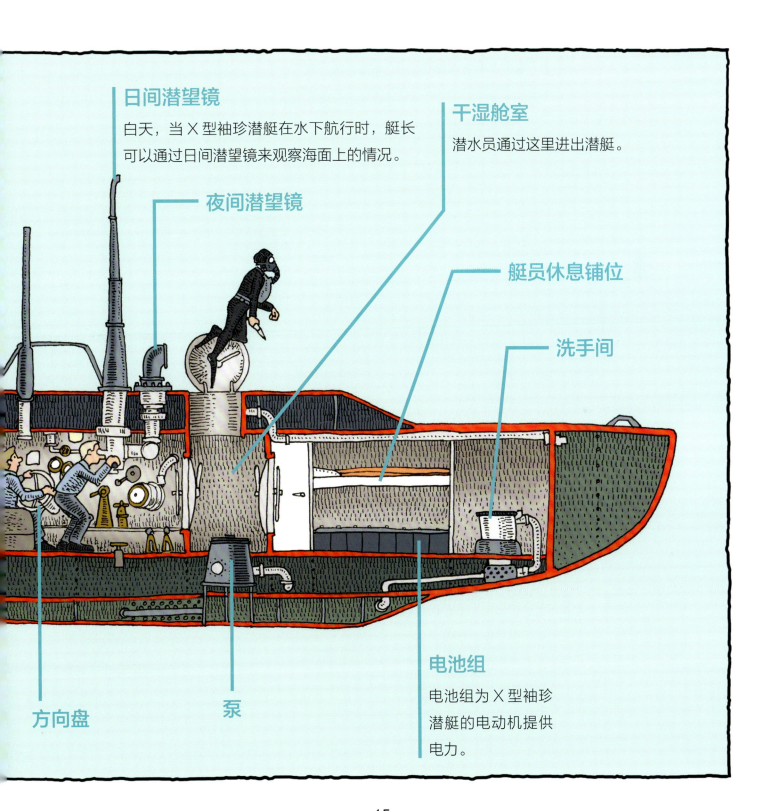

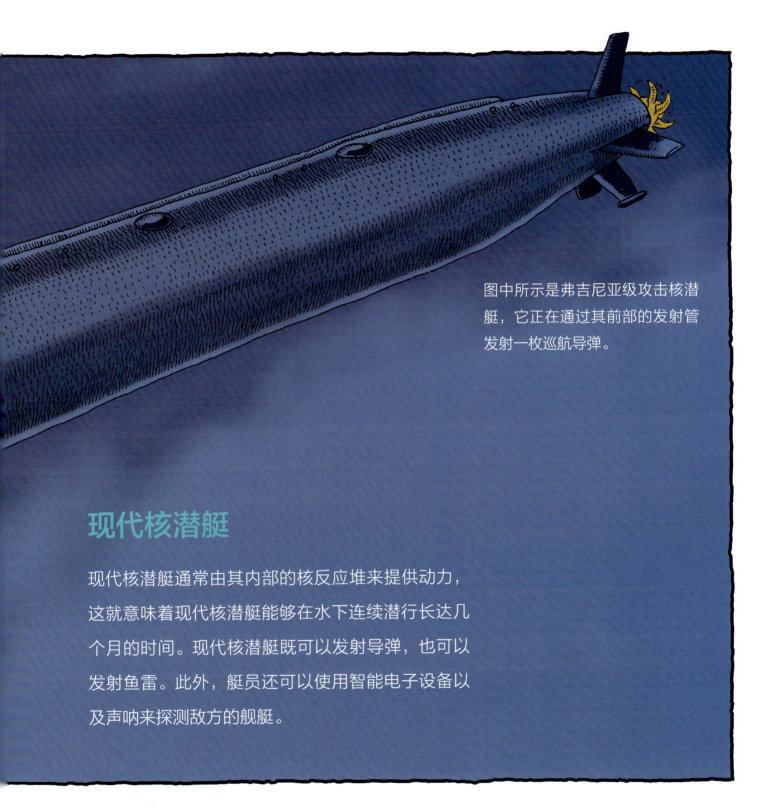

图中所示是弗吉尼亚级攻击核潜艇,它正在通过其前部的发射管发射一枚巡航导弹。

现代核潜艇

现代核潜艇通常由其内部的核反应堆来提供动力,这就意味着现代核潜艇能够在水下连续潜行长达几个月的时间。现代核潜艇既可以发射导弹,也可以发射鱼雷。此外,艇员还可以使用智能电子设备以及声呐来探测敌方的舰艇。

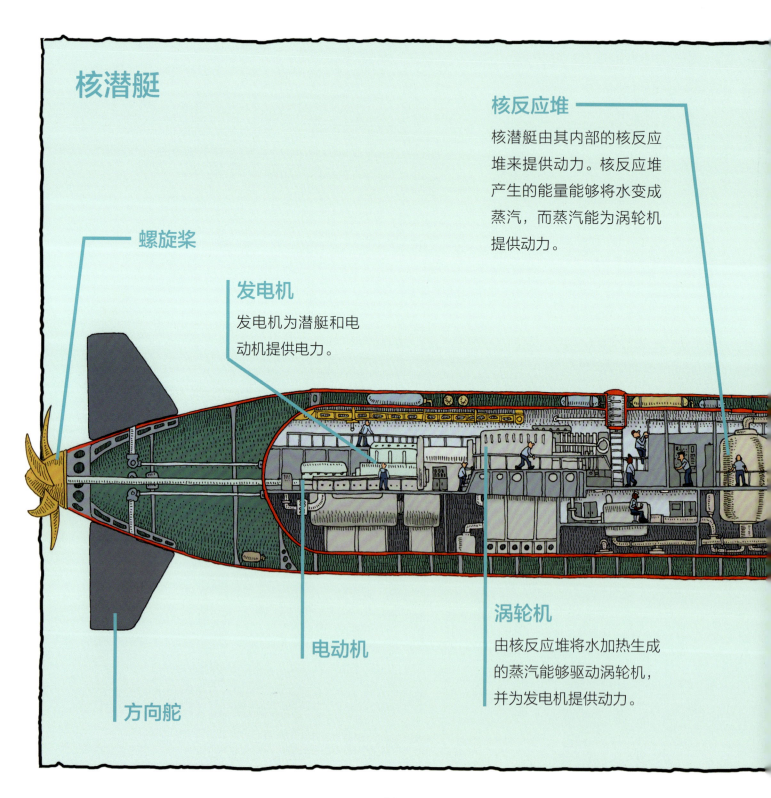

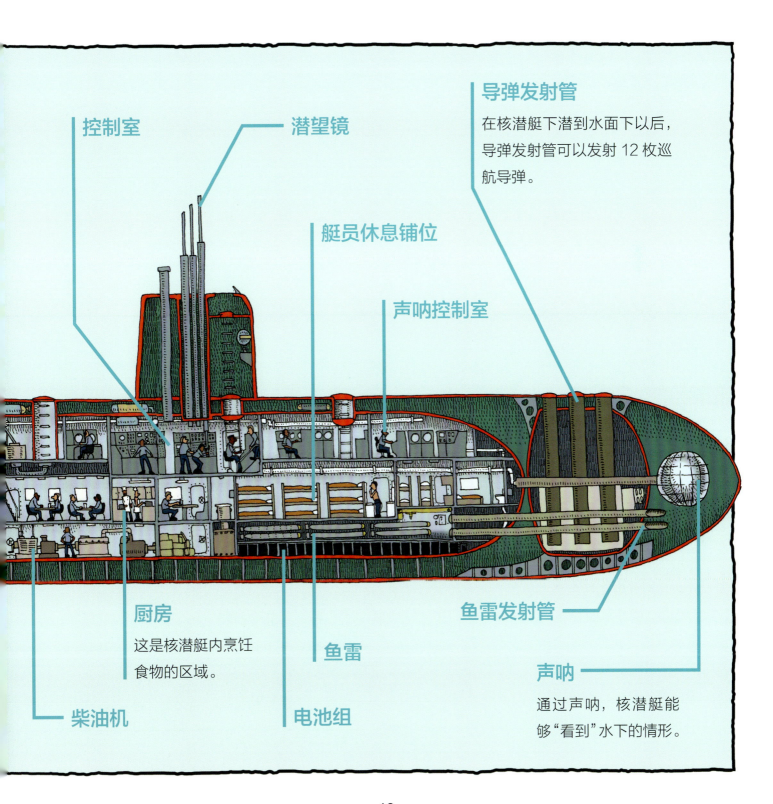

深潜器

小型深海水下航行器被称为深潜器，它通常被人们用来进行科学研究和探索。与潜艇不同的是，深潜器最多可以下潜到水面以下 10 千米左右。值得一提的是，某些深潜器上还装配有可远程控制的机械臂，科研人员可以通过控制机械臂来采集研究样本。

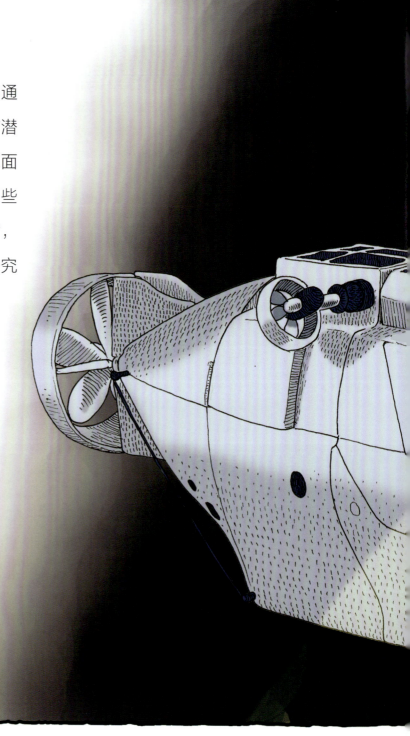

阿尔文号深潜器是世界上著名的深海探测工具，能够下潜到水面以下 4500 米，曾被用来寻找泰坦尼克号沉没的残骸。此外，阿尔文号深潜器还探索了位于东太平洋海底深处的热液喷口，那些热液喷口支撑着一个非常奇妙的生态系统。

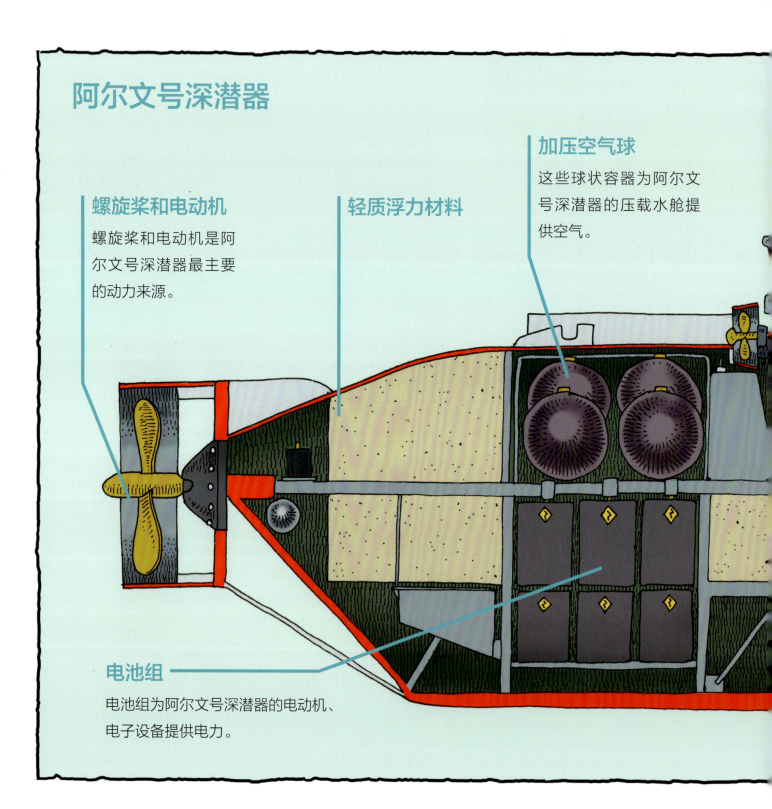

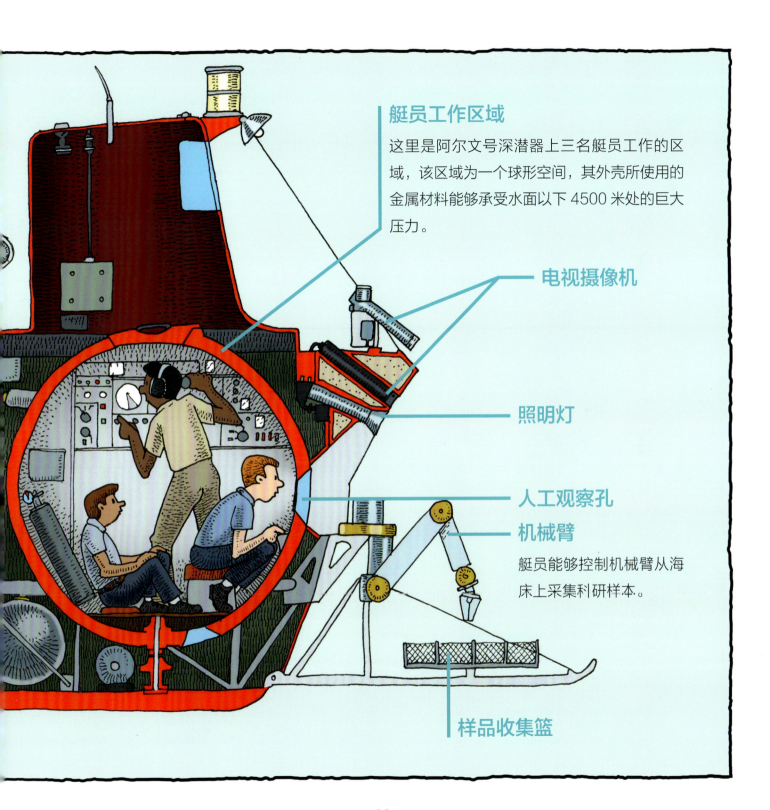

切开看看里面是什么

潜艇　　　　火车

飞机　　坦克　　赛车　　宇宙飞船

切开看看
里面是什么
②
飞 机

[英]大卫·韦斯特 著　　舒丽苹 译
（David West）

机械工业出版社
CHINA MACHINE PRESS

这是一本向孩子介绍飞机知识的科普书。书中从最早的飞机说起，介绍了早期飞机的结构、主要部件、功能和用途，然后又对各种类型的飞机进行了介绍，不仅有全景图，还对每种类型的飞机进行了特殊的切开处理让孩子们在一张大图上就能清晰地看到飞机的全部构造，并对每一个结构和装置的特点与用途等做出说明，使孩子们能够深入了解飞机。这是一本能引起孩子阅读兴趣、提升孩子观察能力的科普书，可以培养孩子的科学思维与探索精神。

本书适合亲子共读，大点儿的孩子也可以独立阅读。

Copyright © David West Children's Books 2015
版权所有 © 大卫·韦斯特儿童读物出版社，2015
本书中文简体版权经由锐拓传媒旗下小锐取得（Copyright @ rightol.com）。
Copyright in the Chinese language (simplified characters) © 2022 China Machine Press.
本书由 David West Children's Books 授权机械工业出版社在中国大陆地区（不包括香港、澳门特别行政区及台湾地区）销售。

北京市版权局著作权合同登记　图字：01-2021-2976号。

图书在版编目（CIP）数据

切开看看里面是什么. 2，飞机 /（英）大卫·韦斯特（David West）著；舒丽苹译. — 北京：机械工业出版社，2022.8
书名原文：What's Inside
ISBN 978-7-111-71019-6

Ⅰ.①切… Ⅱ.①大… ②舒… Ⅲ.①科学知识–少儿读物 ②飞机–少儿读物 Ⅳ.①Z228.1 ②V271-49

中国版本图书馆CIP数据核字（2022）第101460号

机械工业出版社（北京市百万庄大街22号　邮政编码100037）
策划编辑：黄丽梅　　　　　　责任编辑：黄丽梅
责任校对：韩佳欣　刘雅娜　　责任印制：常天培
北京宝隆世纪印刷有限公司印刷
2022年8月第1版第1次印刷
215mm×225mm·1.2印张·8千字
标准书号：ISBN 978-7-111-71019-6
定价：129.00元

电话服务　　　　　　　　网络服务
客服电话：010-88361066　机　工　官　网：www.cmpbook.com
　　　　　010-88379833　机　工　官　博：weibo.com/cmp1952
　　　　　010-68326294　金　书　网：www.golden-book.com
封底无防伪标均为盗版　机工教育服务网：www.cmpedu.com

目录

- **5** 早期的飞机
- **7** 福克 Dr-1 三翼机
- **8** 水上飞机
- **11** 波音 314 水上飞机
- **13** 轰炸机
- **14** B-17 轰炸机
- **17** 超声速飞机
- **18** 贝尔 X-1 试验机
- **21** 喷气式飞机
- **22** 猎鹰 8X 公务机

Contents

冯·李希特霍芬是德国的一名男爵,他是第一次世界大战的王牌驾驶员。李希特霍芬共击落了 80 架敌机,由于他所驾驶的战斗机涂装都是红色的,因此人们都叫他"红色男爵"。

早期的飞机

早期的飞机是用帆布覆盖在木材、金属材料的骨架上制成的。它们通常有两对"翅膀"——机翼,有些有三对"翅膀",比如福克 Dr-1 三翼机。在第一次世界大战中,这些飞机使用航空机枪攻击敌机目标。

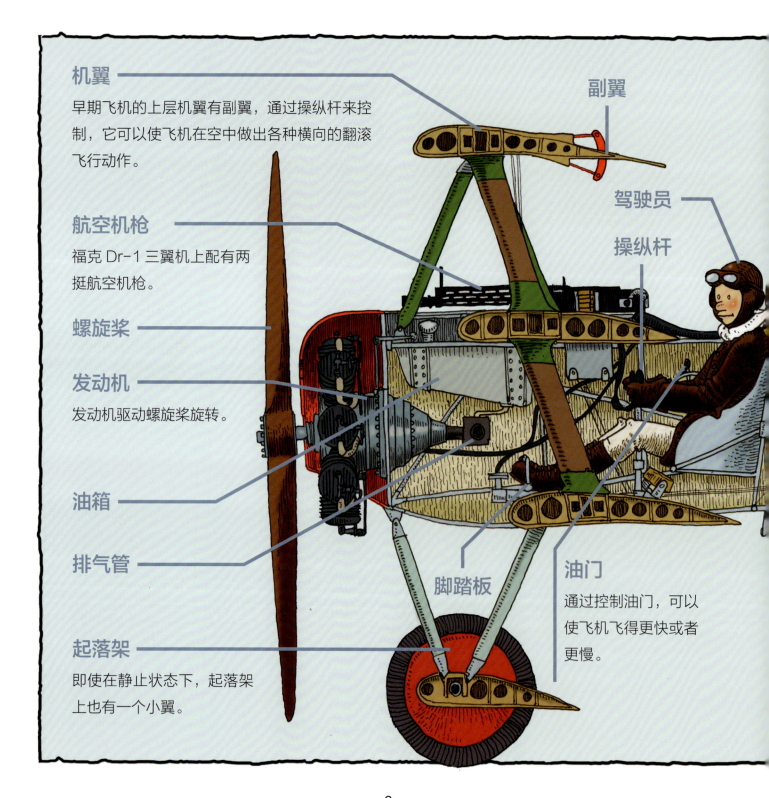

机翼
早期飞机的上层机翼有副翼,通过操纵杆来控制,它可以使飞机在空中做出各种横向的翻滚飞行动作。

航空机枪
福克 Dr-1 三翼机上配有两挺航空机枪。

螺旋桨

发动机
发动机驱动螺旋桨旋转。

油箱

排气管

起落架
即使在静止状态下,起落架上也有一个小翼。

副翼

驾驶员

操纵杆

脚踏板

油门
通过控制油门,可以使飞机飞得更快或者更慢。

福克 Dr-1 三翼机

铝制骨架
福克 Dr-1 三翼机的大部分结构都是由铝制骨架来支承的。

尾翼
尾翼的升降通过操纵杆控制,从而使福克 Dr-1 三翼机爬升或者下降。

尾橇

帆布蒙皮
福克Dr-1三翼机的金属骨架和机翼用帆布覆盖,然后涂上各种颜色。

方向舵
驾驶员通过脚踏板来控制方向舵,从而使飞机左右偏转,即所谓的偏航。

水上飞机

水上飞机是能在水面上起飞、降落和停泊的飞机。1918 年至 1940 年间,水上飞机被用于运送乘客、货物和邮件。它们可以飞跃大西洋和太平洋,为乘客提供豪华旅行。图中所示是波音 314 水上飞机,它可以搭载 74 名乘客,最高飞行速度能够达到 303 千米每小时。

在波音314水上飞机的内部,设有一个休息室和一个餐厅。穿着白色制服的空乘人员用银光闪闪的餐具,为乘客供应六道可口的餐点。

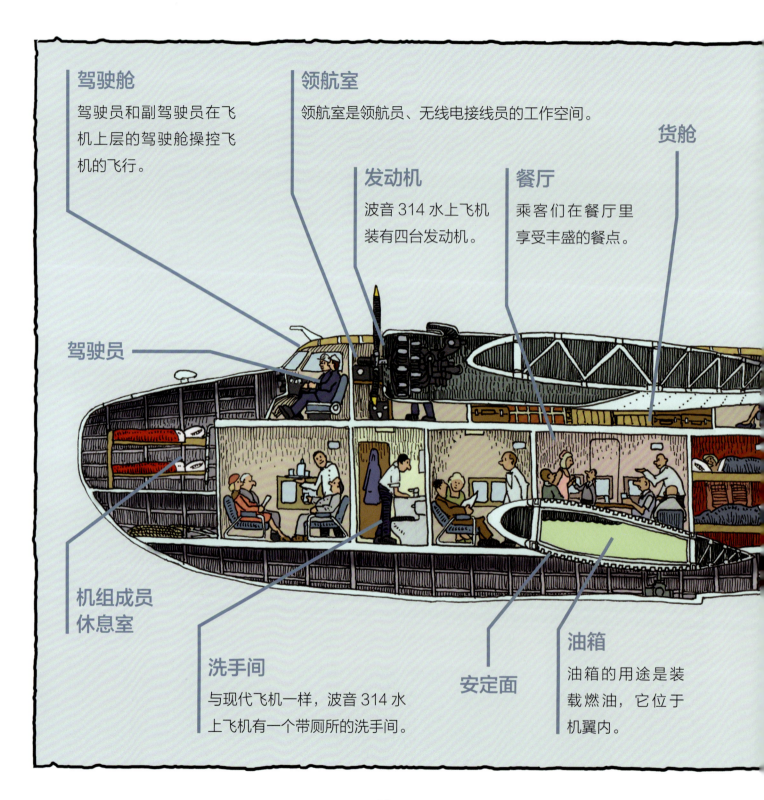

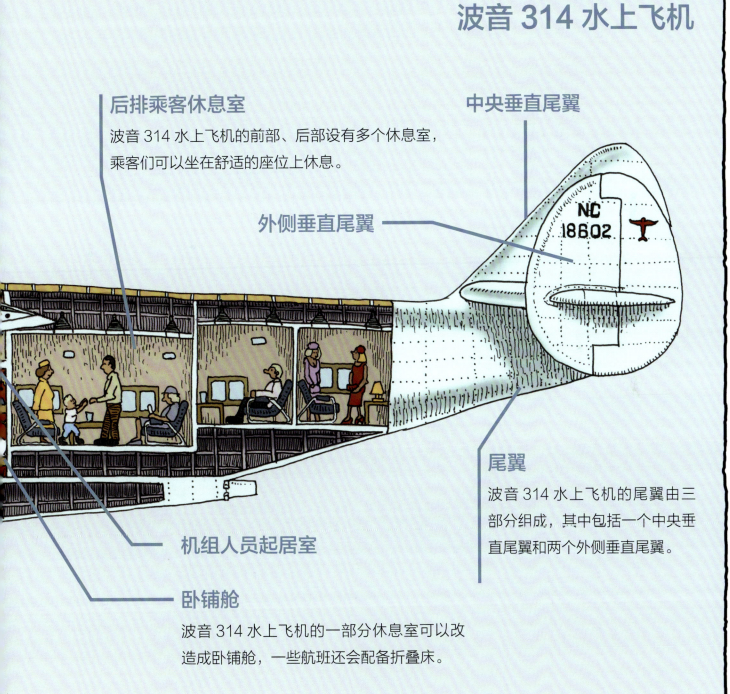

B-17 轰炸机被称为"飞行堡垒",因为它配有各个方向的航空机枪,能够保护 B-17 轰炸机免受敌机的攻击。

轰炸机

轰炸机体型非常大,它们通常配有至少四台大功率的发动机,因此可以携带更多的重型炸弹。图中所示是 B-17 轰炸机,它在第二次世界大战期间投入使用。当时 B-17 轰炸机的最大起飞重量达到 29710 千克,比四头大象还要重!

B-17 轰炸机

投弹手
投弹手负责瞄准、投弹。此外，他还负责操控飞机前部的航空机枪。

驾驶员
驾驶员、副驾驶员一起操控 B-17 轰炸机的飞行。

上方炮塔

无线电联络员
无线电接线员通过无线电与其他飞机和地面控制中心保持联系。

领航员
领航员的职责是为驾驶员指明航向。

发动机
B-17 轰炸机由四台大功率发动机驱动，最高飞行速度为 462 千米每小时。

炸弹舱
B-17 轰炸机可以携带 7983 千克的炸弹。

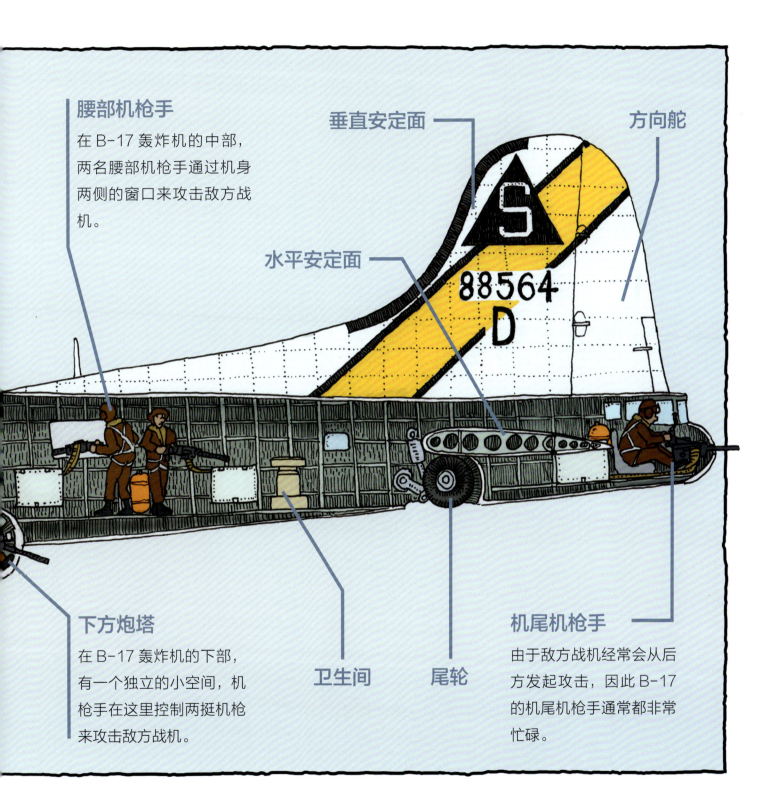

贝尔 X-1 试验机是从 B-29 轰炸机上起飞的。在打破了飞机飞行速度的最快纪录之后,贝尔 X-1 试验机滑翔降落到了一片干燥的湖床上。

超声速飞机

1947年10月14日,美国空军上尉查尔斯·耶格尔成了人类历史上第一个移动速度超过声速的人,移动速度约为1235千米每小时,他是驾驶贝尔X-1试验机完成这一壮举的。

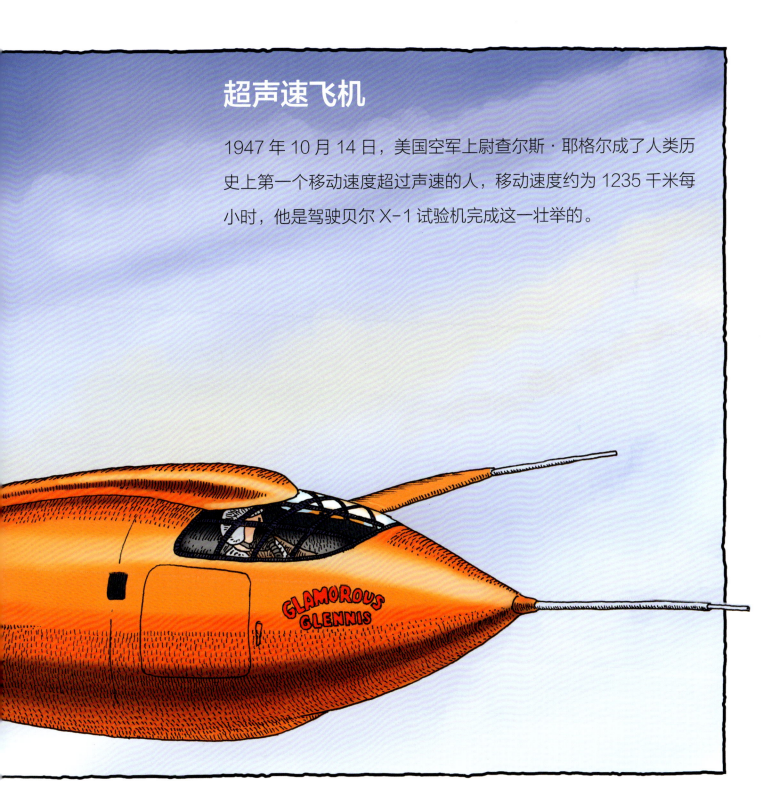

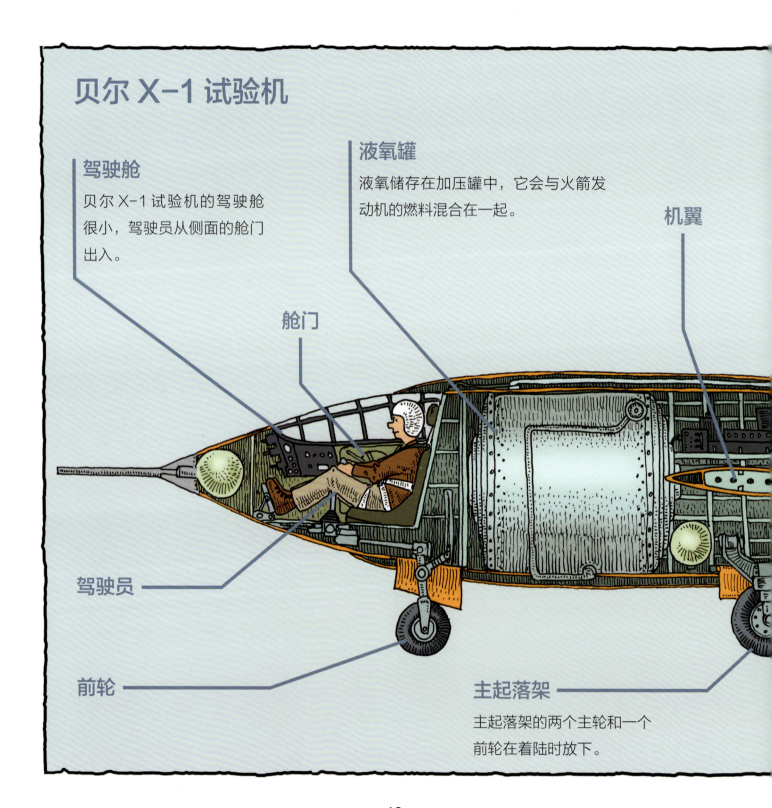

贝尔 X-1 试验机

驾驶舱
贝尔 X-1 试验机的驾驶舱很小,驾驶员从侧面的舱门出入。

液氧罐
液氧储存在加压罐中,它会与火箭发动机的燃料混合在一起。

机翼

舱门

驾驶员

前轮

主起落架
主起落架的两个主轮和一个前轮在着陆时放下。

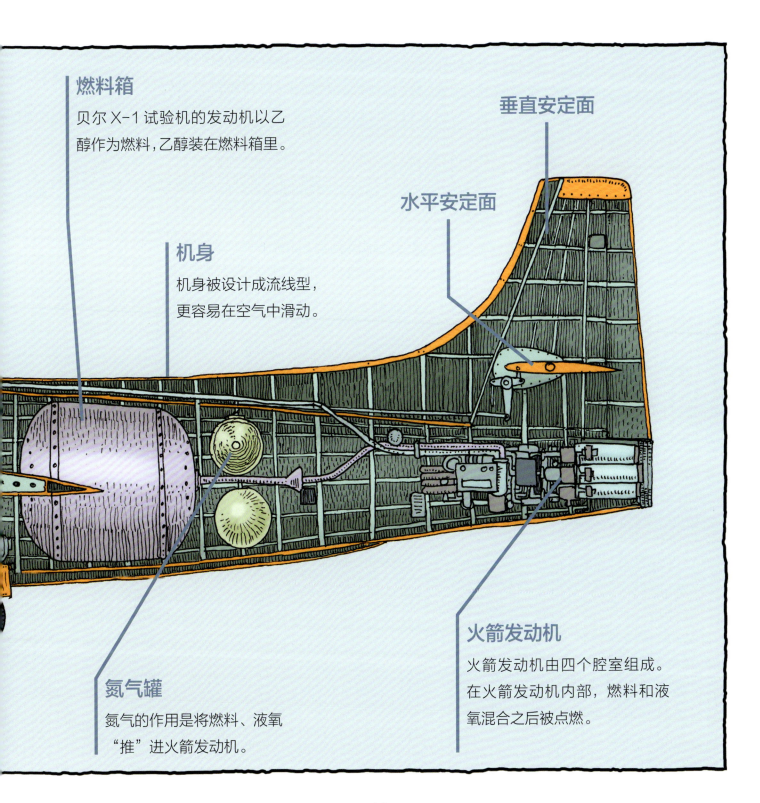

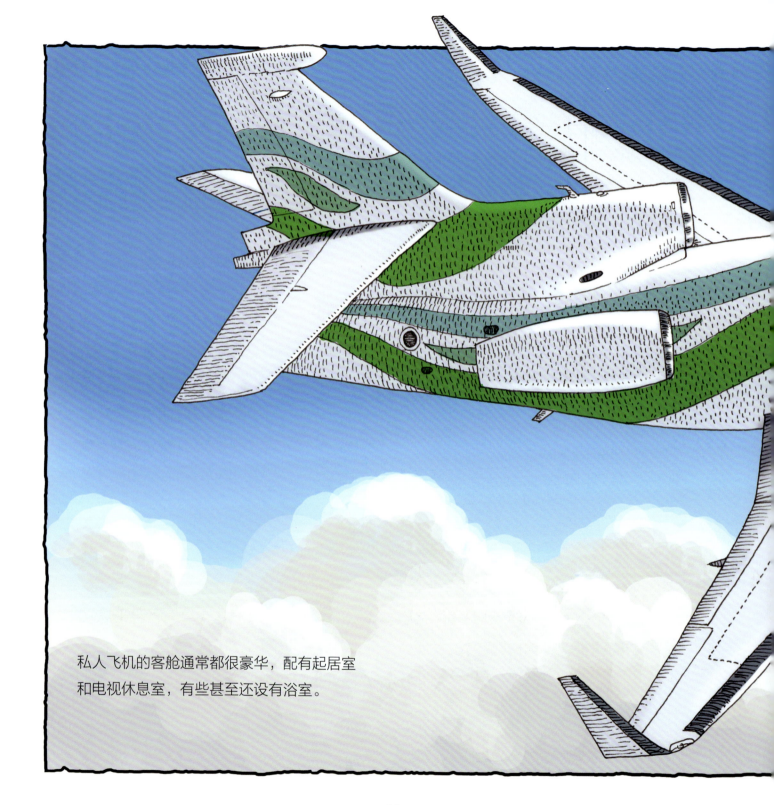

私人飞机的客舱通常都很豪华，配有起居室和电视休息室，有些甚至还设有浴室。

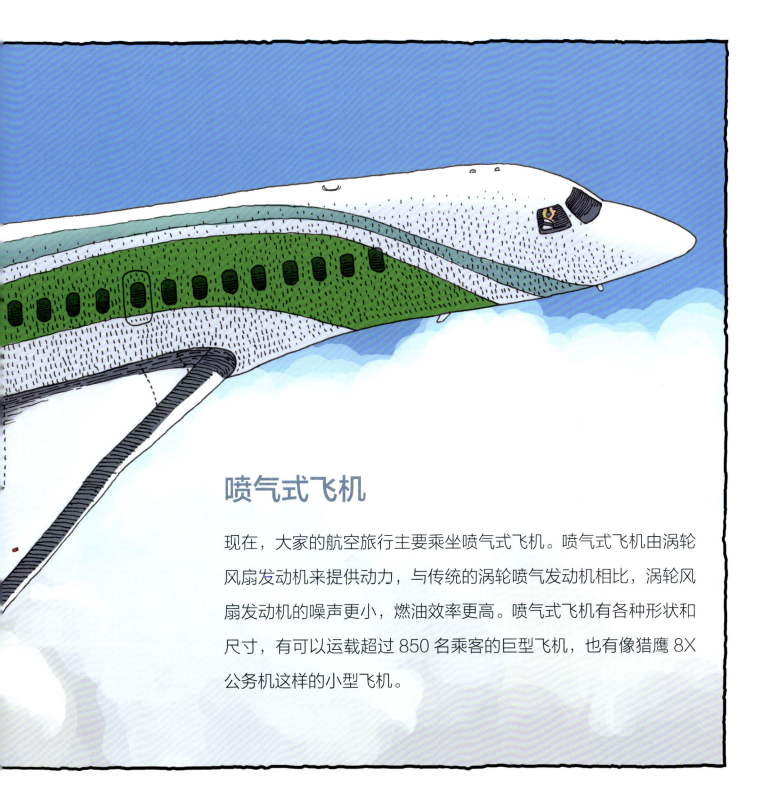

喷气式飞机

现在,大家的航空旅行主要乘坐喷气式飞机。喷气式飞机由涡轮风扇发动机来提供动力,与传统的涡轮喷气发动机相比,涡轮风扇发动机的噪声更小,燃油效率更高。喷气式飞机有各种形状和尺寸,有可以运载超过 850 名乘客的巨型飞机,也有像猎鹰 8X 公务机这样的小型飞机。

猎鹰 8X 公务机

驾驶舱
在计算机的帮助下，驾驶员和副驾驶员共同驾驶猎鹰 8X 公务机。

厨房
前部的厨房能为乘客提供食物和饮品。

客舱
在客舱内，乘客们可以舒服地坐下来听音乐、看电视或者玩电脑游戏。

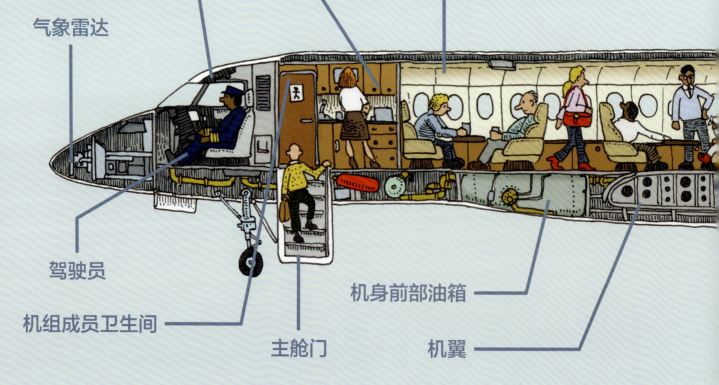

气象雷达

驾驶员

机组成员卫生间

主舱门

机身前部油箱

机翼

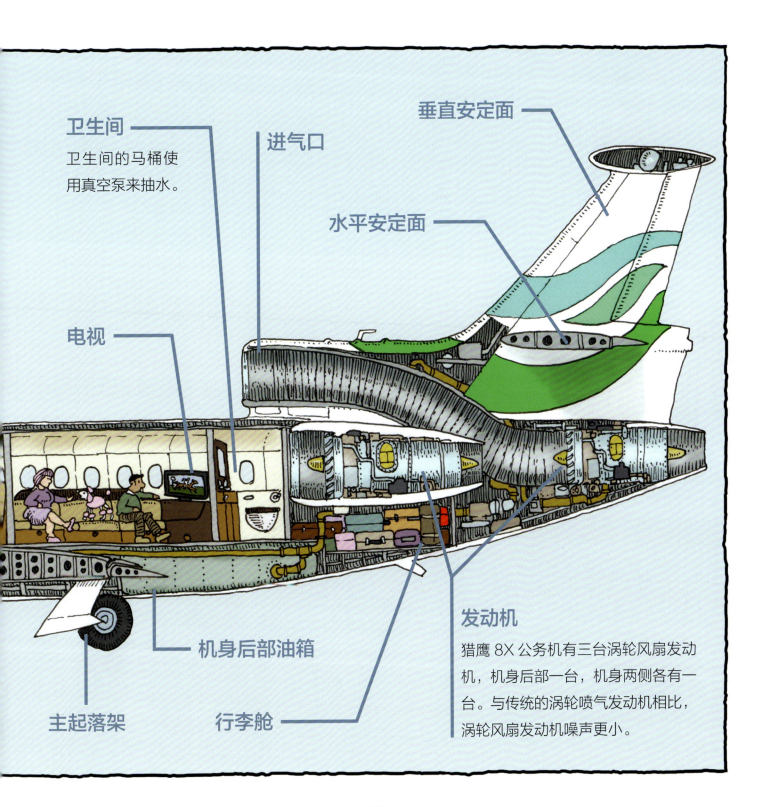

切开看看
里面是什么

潜艇　　　　　火车

飞机　　坦克　　赛车　　宇宙飞船

切开看看里面是什么

③

火车

[英]大卫·韦斯特 著　　舒丽苹 译
（David West）

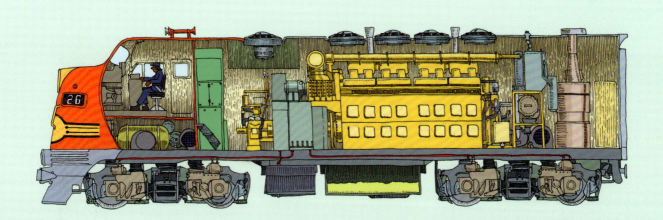

机械工业出版社
CHINA MACHINE PRESS

这是一本向孩子介绍火车知识的科普书。书中从最早的火车说起，介绍了早期蒸汽火车的结构、主要部件和特点，然后又对各种火车进行了介绍，不仅有全景图，还对每种类型的火车进行了特殊的切开处理，让孩子们在一张大图上就能清晰地看到火车的全部构造，并对每一个结构和装置的特点与用途等做出说明，使孩子们能够深入了解火车。这是一本能引起孩子阅读兴趣、提升孩子观察能力的科普书，可以培养孩子的科学思维与探索精神。

　　本书适合亲子共读，大一点儿的孩子也可以独立阅读。

Copyright © David West Children's Books 2015

版权所有 © 大卫·韦斯特儿童读物出版社，2015

本书中文简体版权经由锐拓传媒旗下小锐取得（Copyright @ rightol.com）。

Copyright in the Chinese language (simplified characters) © 2022 China Machine Press.

本书由 David West Children's Books 授权机械工业出版社在中国大陆地区（不包括香港、澳门特别行政区及台湾地区）销售。

北京市版权局著作权合同登记　图字：01-2021-2976号。

图书在版编目（CIP）数据

切开看看里面是什么. 3，火车 /（英）大卫·韦斯特（David West）著；舒丽苹译. — 北京：机械工业出版社，2022.8

书名原文：What's Inside

ISBN 978-7-111-71019-6

Ⅰ. ①切⋯ Ⅱ. ①大⋯ ②舒⋯ Ⅲ. ①科学知识–少儿读物 ②列车–少儿读物 Ⅳ. ①Z228.1 ②U292.9-49

中国版本图书馆CIP数据核字（2022）第101463号

机械工业出版社（北京市百万庄大街22号　邮政编码100037）
策划编辑：黄丽梅　　　　　责任编辑：黄丽梅
责任校对：韩佳欣　刘雅娜　责任印制：常天培
北京宝隆世纪印刷有限公司印刷

2022年8月第1版第1次印刷
215mm×225mm·1.2印张·8千字
标准书号：ISBN 978-7-111-71019-6
定价：129.00元

电话服务　　　　　　网络服务
客服电话：010-88361066　机　工　官　网：www.cmpbook.com
　　　　　010-88379833　机　工　官　博：weibo.com/cmp1952
　　　　　010-68326294　金　　书　　网：www.golden-book.com
封底无防伪标均为盗版　机工教育服务网：www.cmpedu.com

目录

- 4　蒸汽火车
- 6　蒸汽机车
- 9　内燃机车
- 10　F3 型内燃机车
- 12　高速列车
- 14　高速电力机车
- 17　快速轨道列车
- 19　城市地铁列车
- 21　单轨铁路
- 22　单轨列车

Contents

蒸汽火车

早期的火车是由蒸汽机车牵引的。在蒸汽机工作时，煤炭、木材在火炉中燃烧，燃烧所产生的热能将锅炉中的水加热至沸腾，进而产生蒸汽。蒸汽能驱动活塞，从而让火车车轮转动起来。蒸汽火车所必须要用到的燃料和水，都储存在火车后部的煤水车厢内。

图中所示是"佩珀康-A1s"蒸汽机车,该蒸汽机车能以112千米每小时的速度牵引15节车厢。"佩珀康-A1s"蒸汽机车有4个前轮、6个主动轮和2个后轮,因此也被称为4-6-2蒸汽机车。

蒸汽机车

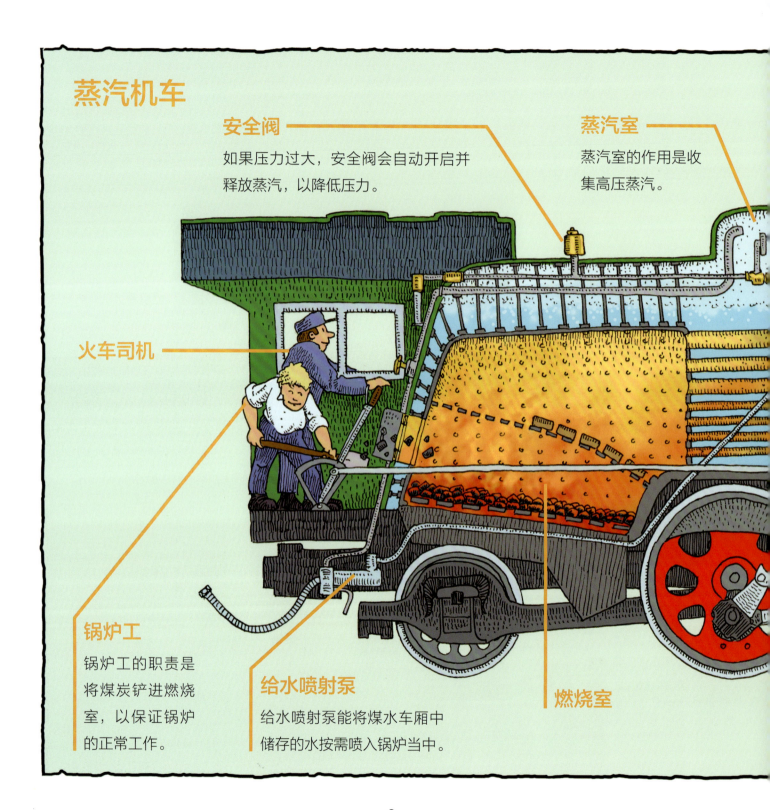

安全阀
如果压力过大,安全阀会自动开启并释放蒸汽,以降低压力。

蒸汽室
蒸汽室的作用是收集高压蒸汽。

火车司机

锅炉工
锅炉工的职责是将煤炭铲进燃烧室,以保证锅炉的正常工作。

给水喷射泵
给水喷射泵能将煤水车厢中储存的水按需喷入锅炉当中。

燃烧室

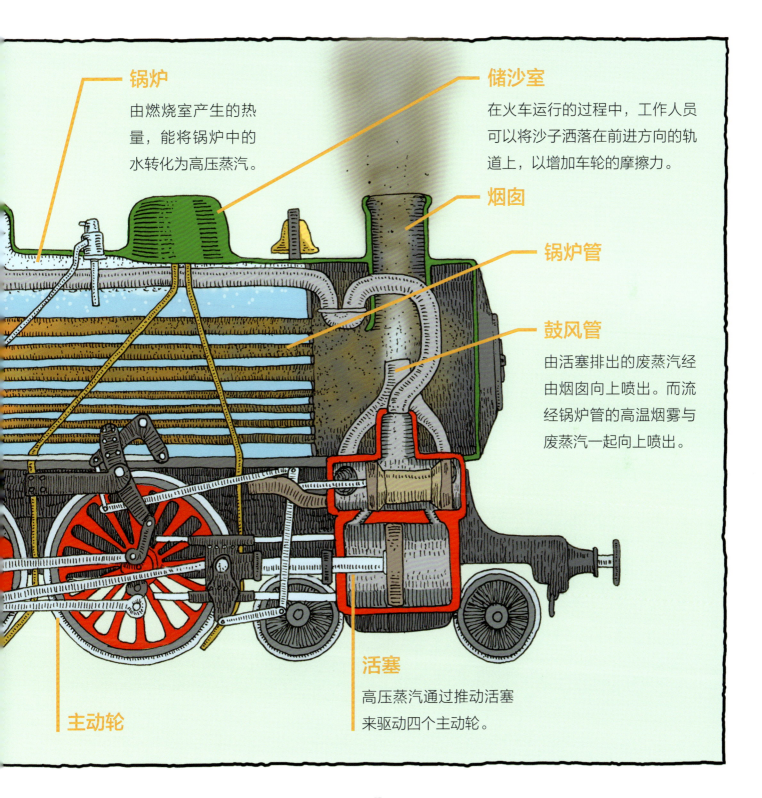

图中所示是 1948 年的圣达菲 F3 型内燃机车，它由四部分组成，其中，两端的两个部分是驾驶室，火车司机可以在任意一个驾驶室中控制列车。

内燃机车

随着科学技术的蓬勃发展,内燃机车走上了历史舞台,它们最终成功地取代了蒸汽机车。内燃机车使用柴油机带动发电机发电,为每个车轮上的牵引电动机供电。值得一提的是,多辆内燃机车可以"串联"在一起,这样就能牵引更多的车厢。

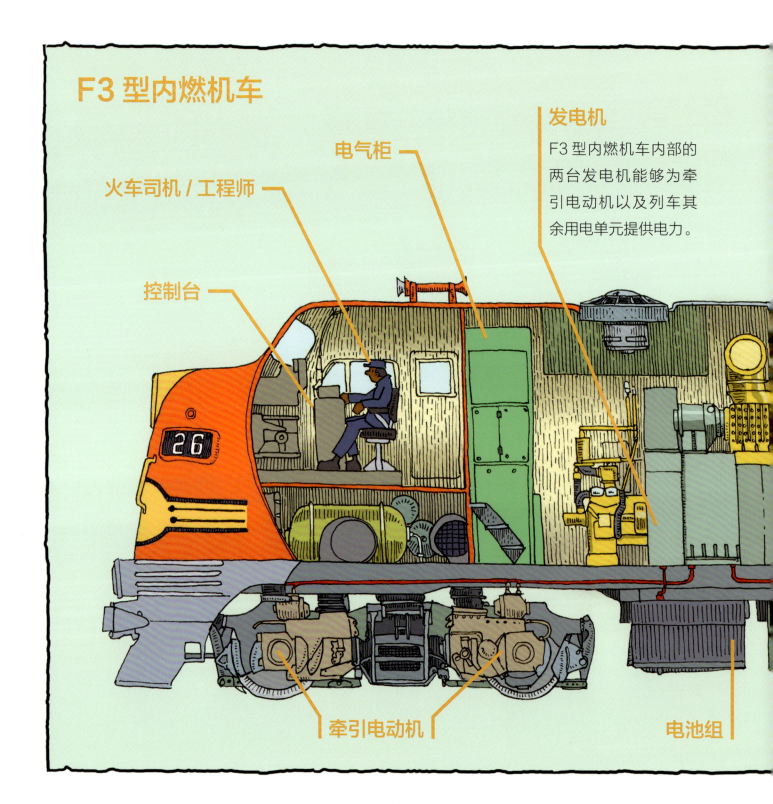

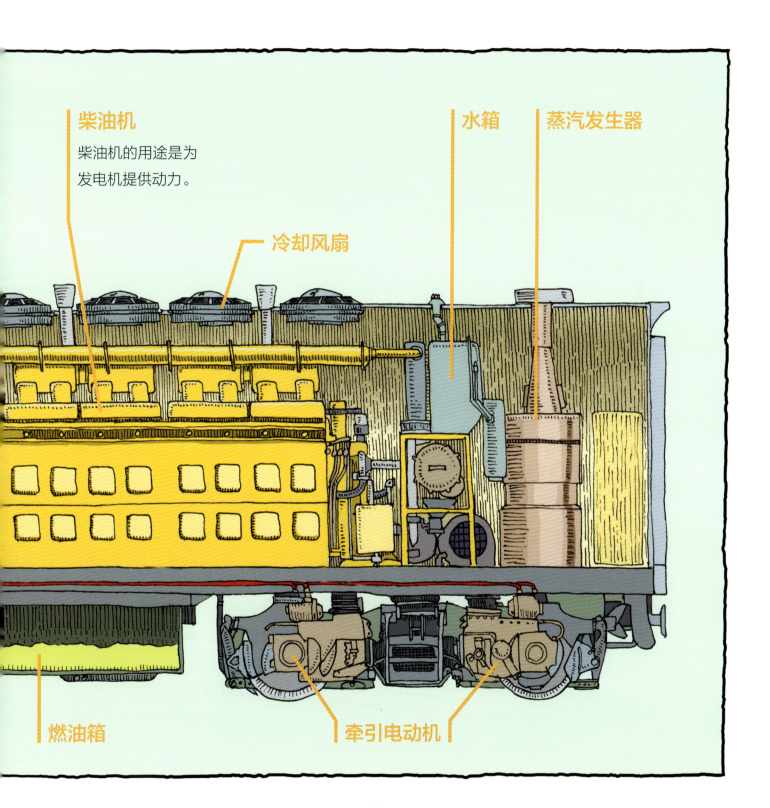

高速列车

高速列车行驶于城市之间，这一类火车的最高运行速度一般要达到200千米每小时以上，部分列车可达到300千米每小时以上！值得一提的是，高速列车只能在专门铺设的特殊轨道上运行。大多数高速列车都是由电力机车牵引的，电力机车的顶部装有受电弓，它能从机车上方的电缆中获取电力。

图中所示是法国 TGV 高速列车，它的最高运行速度为令人震惊的 574.8 千米每小时。当然，TGV 高速列车无法长时间保持在最高运行速度，其平均运行速度约为 280 千米每小时。

高速电力机车

受电弓
受电弓位于高速电力机车的外侧顶部，它能够从机车上方的电缆上获取电力。

控制模块
控制模块的作用是控制牵引电动机的运转功率。

转向架
高速电力机车的转向架有四个轮子，它们由两台电动机来驱动。

主变压器
主变压器的作用是为牵引电动机变换电压。

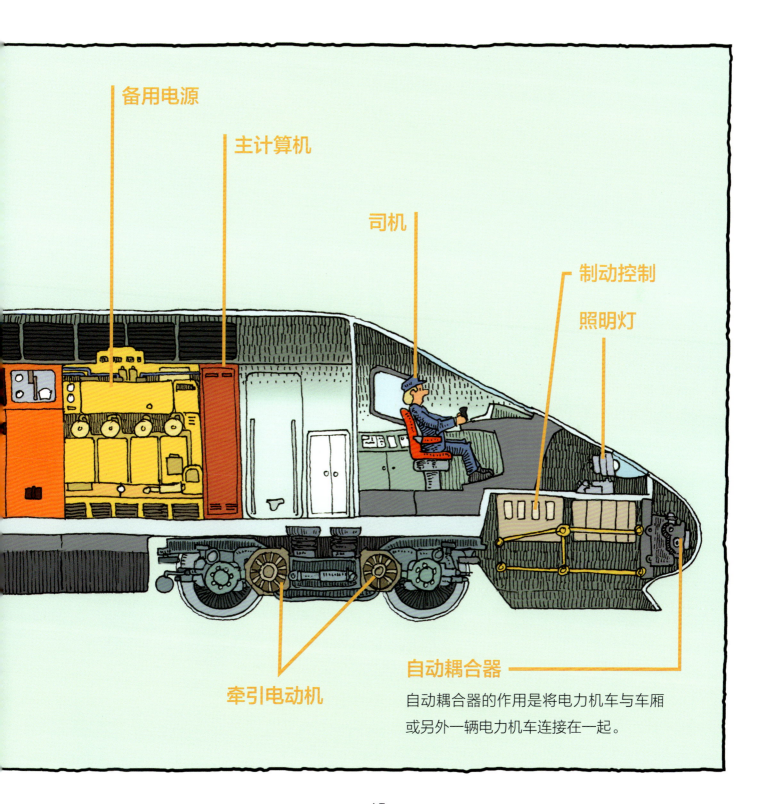

图中所示是空中轨道列车，它位于加拿大的大温哥华区域局。空中轨道列车是全自动列车，它不需要司机来控制。顾名思义，空中轨道列车主要在城市上空的架空轨道上运行。

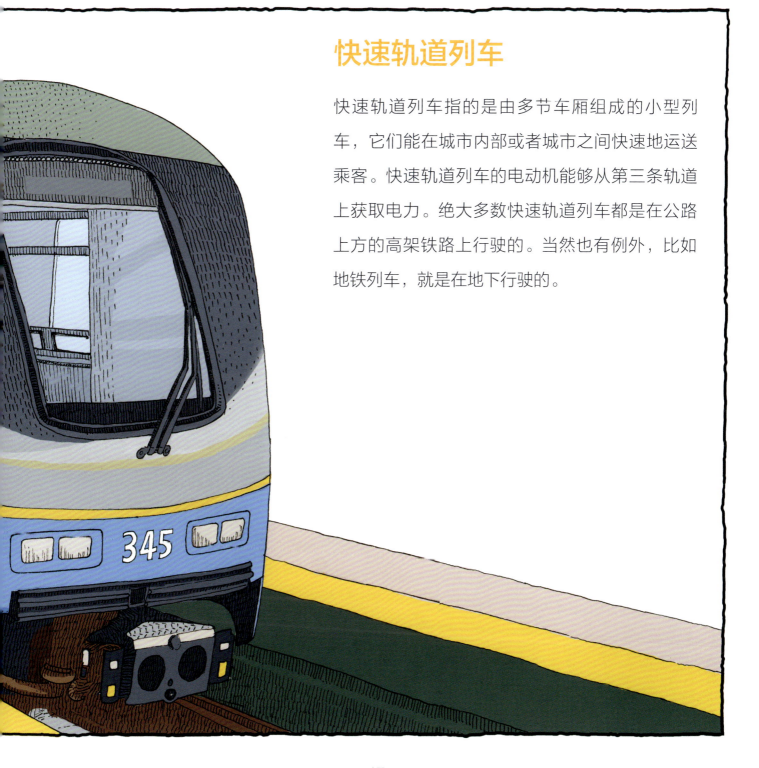

快速轨道列车

快速轨道列车指的是由多节车厢组成的小型列车,它们能在城市内部或者城市之间快速地运送乘客。快速轨道列车的电动机能够从第三条轨道上获取电力。绝大多数快速轨道列车都是在公路上方的高架铁路上行驶的。当然也有例外,比如地铁列车,就是在地下行驶的。

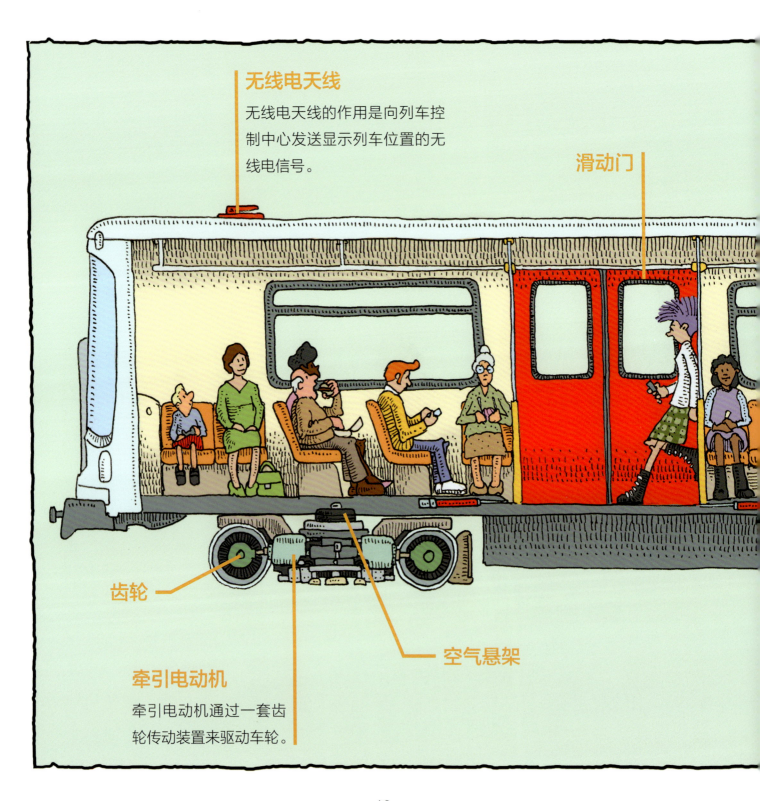

城市地铁列车

滑动门

牵引电动机控制器

集电器
集电器的功能是从第三条轨道上获取地铁列车运行所必需的电力。

制动器
在紧急情况下,制动器能够利用电磁铁来降低地铁列车的运行速度。

图中所示是位于美国拉斯维加斯的一条单轨铁路。这一类单轨铁路很多都架设在高出地面的半空中，因为只有如此，它们才不会影响正常的道路交通。

单轨铁路

现代化的单轨列车通常运行在巨型、坚固的单轨铁路上。单轨列车的车轮通常由橡胶制成,这些车轮紧紧地"抓住"钢铁或者钢筋混凝土轨道。通过两条专门输送电力的金属轨道,牵引电动机能够为单轨列车供电。

单轨列车

动力装置
单轨列车的动力装置包括牵引电动机、主动轮以及导向轮。

乘客车厢

集电器
单轨列车的集电器可以从列车运行一侧的第三条轨道收集电力。

变压器
通过变压器,电力被输送到电动机。

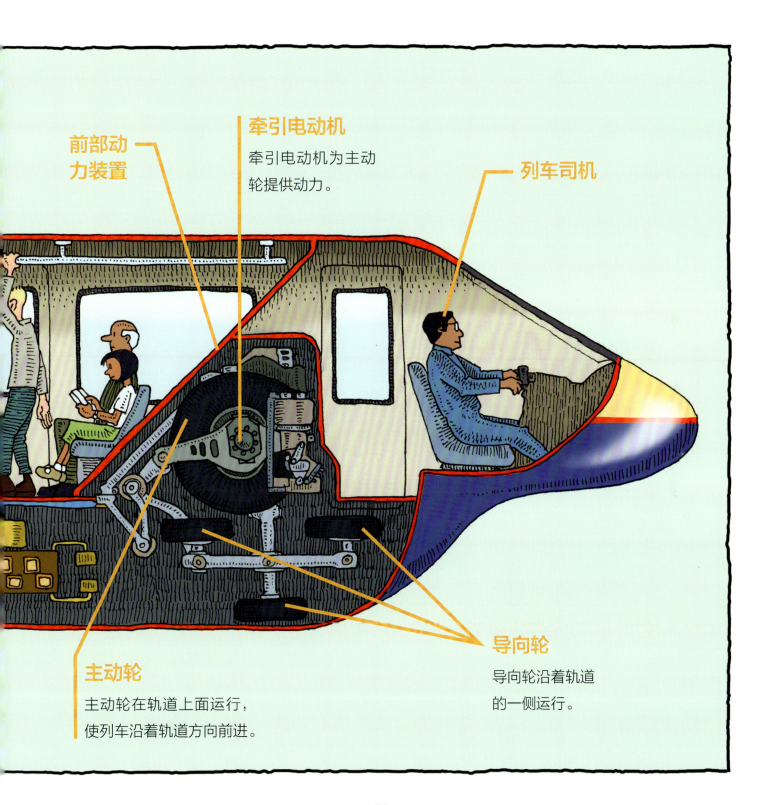

切开看看里面是什么

潜艇　　火车

飞机　　坦克　　赛车　　宇宙飞船

切开看看
里面是什么
④
—— 坦 克 ——

[英]大卫·韦斯特 著　舒丽苹 译
（David West）

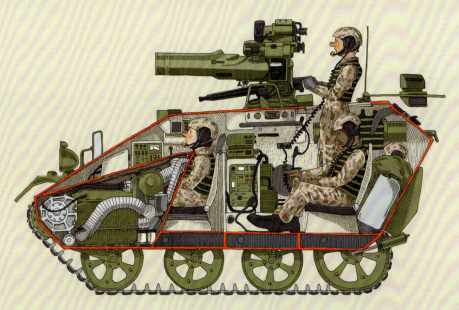

机械工业出版社
CHINA MACHINE PRESS

这是一本向孩子介绍坦克知识的科普书。书中从最早的坦克说起，介绍了早期坦克的特点以及在第一次世界大战中发挥的作用，然后介绍了各种类型的坦克，不仅有全景图，还对每种类型的坦克进行了特殊的切开处理，让孩子们在一张大图上就能清晰地看到坦克的全部构造，并对每一个结构和装置的特点与用途等做出说明，使孩子们能够深入了解坦克。这是一本能引起孩子阅读兴趣、提升孩子观察能力的科普书，可以培养孩子的科学思维与探索精神。

本书适合亲子共读，大一点儿的孩子也可以独立阅读。

Copyright © David West Children's Books 2015
版权所有 © 大卫·韦斯特儿童读物出版社，2015
本书中文简体版权经由锐拓传媒旗下小锐取得（Copyright @ rightol.com）。
Copyright in the Chinese language (simplified characters) © 2022 China Machine Press.
本书由 David West Children's Books 授权机械工业出版社在中国大陆地区（不包括香港、澳门特别行政区及台湾地区）销售。

北京市版权局著作权合同登记　图字：01-2021-2976号。

图书在版编目（CIP）数据

切开看看里面是什么.4，坦克 /（英）大卫·韦斯特（David West）著；舒丽苹译. — 北京：机械工业出版社，2022.8
书名原文：What's Inside
ISBN 978-7-111-71019-6

Ⅰ.①切… Ⅱ.①大… ②舒… Ⅲ.①科学知识–少儿读物 ②坦克–少儿读物　Ⅳ.①Z228.1 ②E923.1-49

中国版本图书馆CIP数据核字（2022）第101461号

机械工业出版社（北京市百万庄大街22号　邮政编码100037）
策划编辑：黄丽梅　　　　　责任编辑：黄丽梅
责任校对：韩佳欣　刘雅娜　责任印制：常天培
北京宝隆世纪印刷有限公司印刷

2022年8月第1版第1次印刷
215mm×225mm·1.2印张·8千字
标准书号：ISBN 978-7-111-71019-6
定价：129.00元

电话服务	网络服务
客服电话：010-88361066	机　工　官　网：www.cmpbook.com
010-88379833	机　工　官　博：weibo.com/cmp1952
010-68326294	金　书　网：www.golden-book.com
封底无防伪标均为盗版	机工教育服务网：www.cmpedu.com

目录

- 4 　早期的坦克
- 6 　英国 MARK V 型坦克
- 8 　第二次世界大战时期的坦克
- 11　虎式重型坦克
- 13　轻型坦克
- 14　德国鼬鼠 1 空降战车
- 17　主战坦克
- 18　美国 M1 艾布拉姆斯主战坦克
- 21　步兵战车
- 22　布雷德利步兵战车

Contents

早期的坦克

第一次世界大战（1914年—1918年）期间，英国陆军开始使用坦克，那是人类战争史上首次使用该武器装备。早期坦克的两侧分别装有一门大口径火炮，此外在其周身遍布机枪。当时，坦克内部的温度非常高，发动机内泄漏出来的浓烟会让坦克手们感到恶心。

当时，为了保守秘密，英国负责制造坦克的兵工厂向外界宣称，他们正在建造的是一批大水箱。在英语中，水箱是"tank"，从那以后，人们就将这种全新的武器装备叫作坦克（tank）。

英国 MARK V 型坦克

信号发射装置
通过使用这种被称为信号发射装置的设备，坦克手们可以向外界发送信息。

排气管

炮弹
这些炮弹供 MARK V 型坦克上配备的各种火炮来发射。

驱动轮
MARK V型坦克的发动机为驱动轮提供动力，驱动轮带动履带，进而带动坦克移动。

机枪手

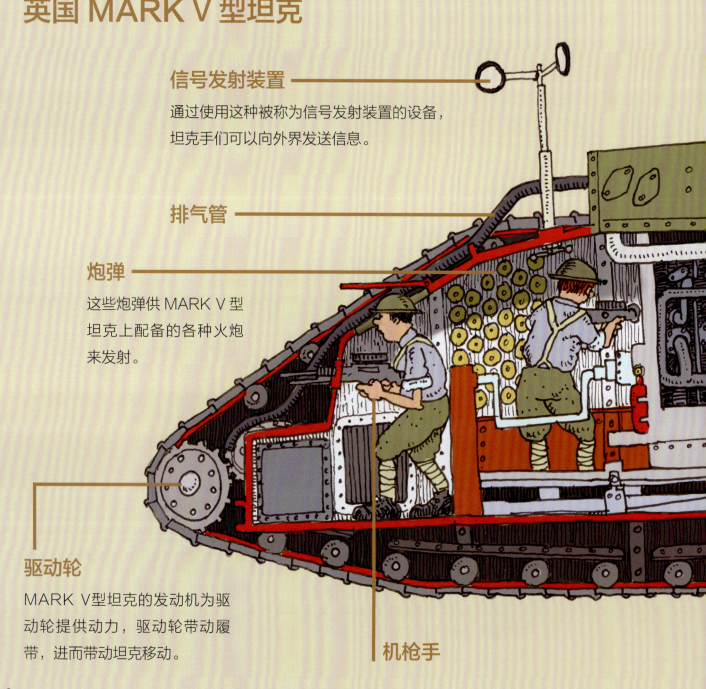

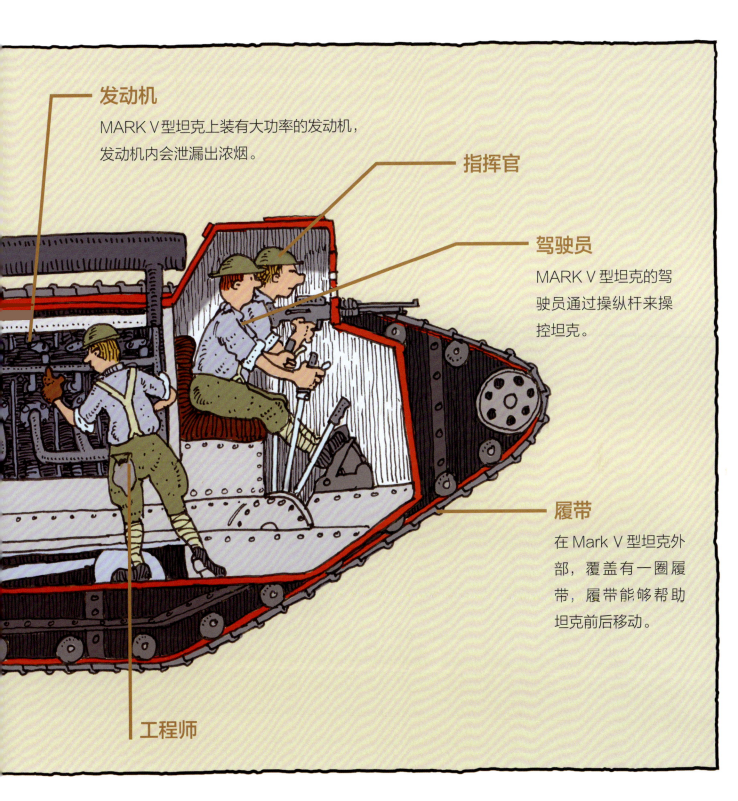

第二次世界大战时期的坦克

到了第二次世界大战时期,坦克逐渐成为我们现在熟悉的样子。它们的炮塔上装有一门大口径火炮,由于炮塔能够旋转,因此坦克能够360度攻击敌方目标。那时的坦克大多有厚度惊人的装甲,某些特殊部位的装甲厚度甚至能达到120毫米。超厚的装甲能够保障坦克手的安全。

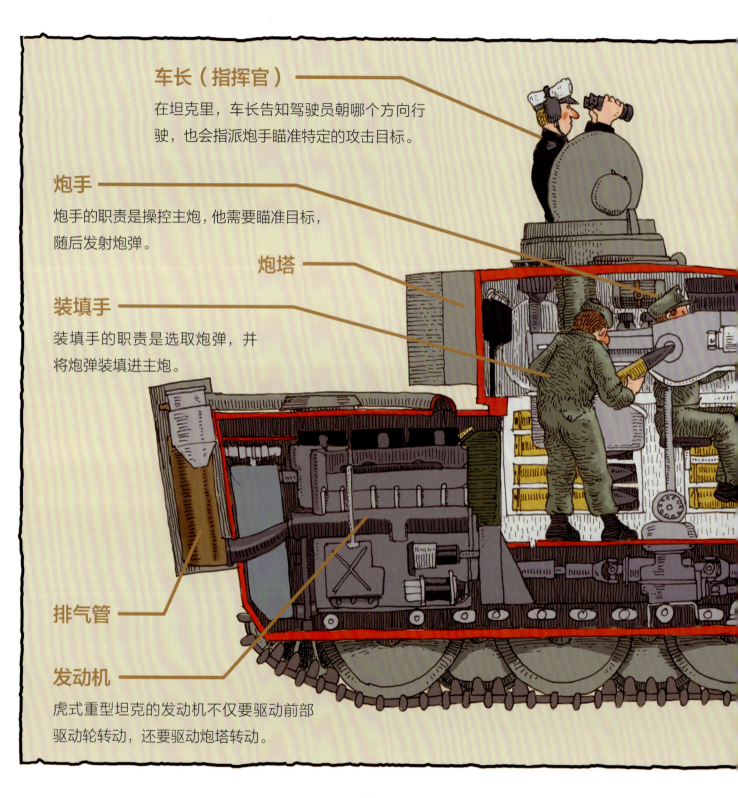

车长（指挥官）
在坦克里，车长告知驾驶员朝哪个方向行驶，也会指派炮手瞄准特定的攻击目标。

炮手
炮手的职责是操控主炮，他需要瞄准目标，随后发射炮弹。

炮塔

装填手
装填手的职责是选取炮弹，并将炮弹装填进主炮。

排气管

发动机
虎式重型坦克的发动机不仅要驱动前部驱动轮转动，还要驱动炮塔转动。

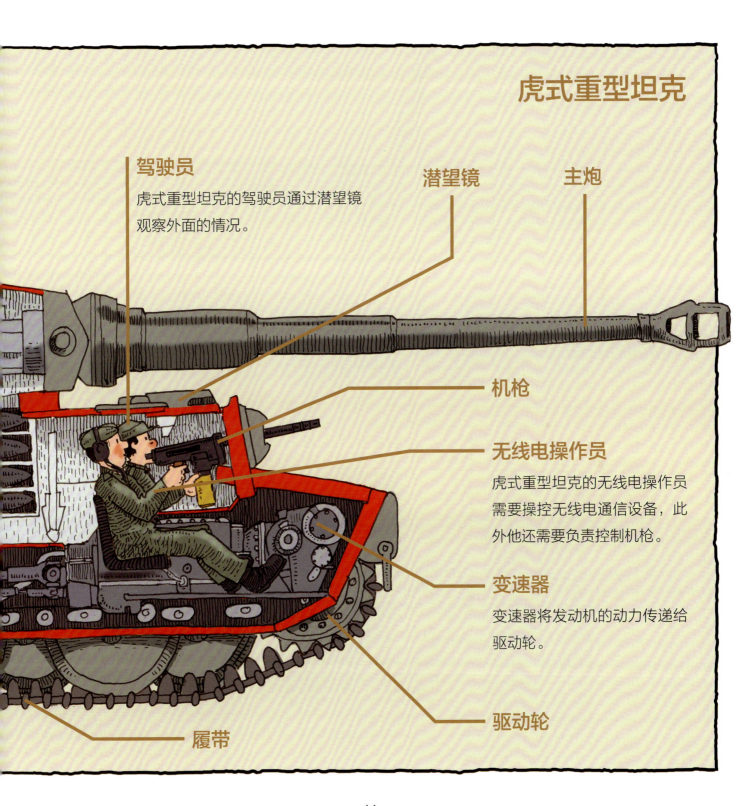

图中所示是德国鼬鼠1空降战车,它需要三名坦克手来驾驶。鼬鼠1空降战车可以选择多种武器,包括机关炮、反坦克导弹等。

轻型坦克

轻型坦克指的是一种小型的坦克。轻型坦克的装甲并不厚,因为它们最主要的用途是在大部队抵达预定作战地点之前进行侦察。轻型坦克甚至可以通过大型运输机来运输,有些也可以通过降落伞空投到特定的区域,以配合空降兵执行特殊的作战任务。

德国鼬鼠 1 空降战车

反坦克武器
图中所示是鼬鼠 1 空降战车，装有陶氏反坦克导弹（TOW，意为"管式发射、光学跟踪、线控导引"），这种导弹能击毁敌方坦克。

驾驶员

潜望镜

后视镜

头灯

装甲
鼬鼠 1 空降战车的装甲并不算太厚，它只能防御子弹的攻击。

驱动轮

发动机
鼬鼠 1 空降战车的涡轮发动机能使它的行驶速度达到 70 千米每小时。

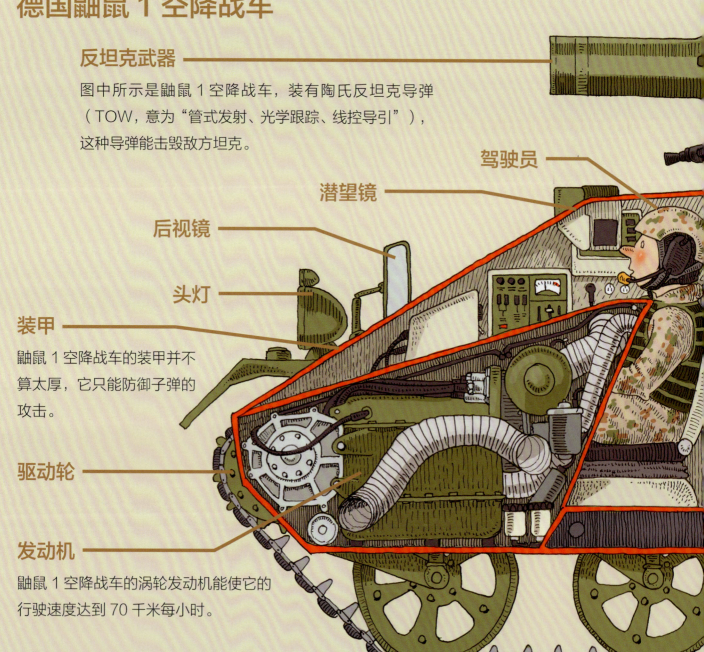

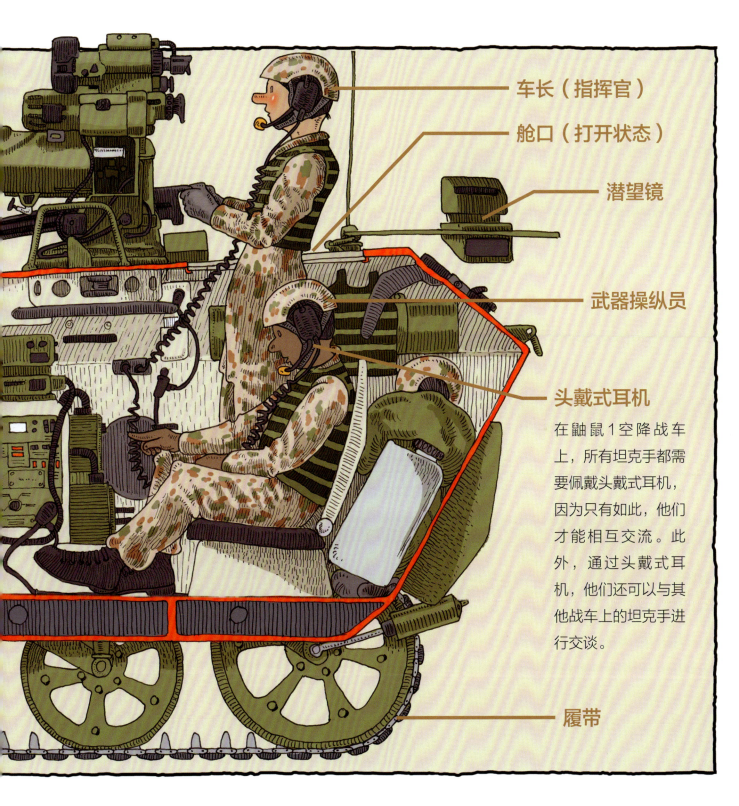

图中所示是美国 M1 艾布拉姆斯主战坦克。它配有一台计算机，在计算机的帮助下，即使 M1 艾布拉姆斯主战坦克行驶在崎岖不平的道路上，炮手也可以准确地瞄准敌方目标。

主战坦克

如今,主战坦克已经成为现代军队的重要组成部分。主战坦克很少单独行动,它们通常被组织成装甲部队集体行动。主战坦克参与作战离不开步兵的配合,步兵可以乘坐步兵战车与主战坦克共同进退。

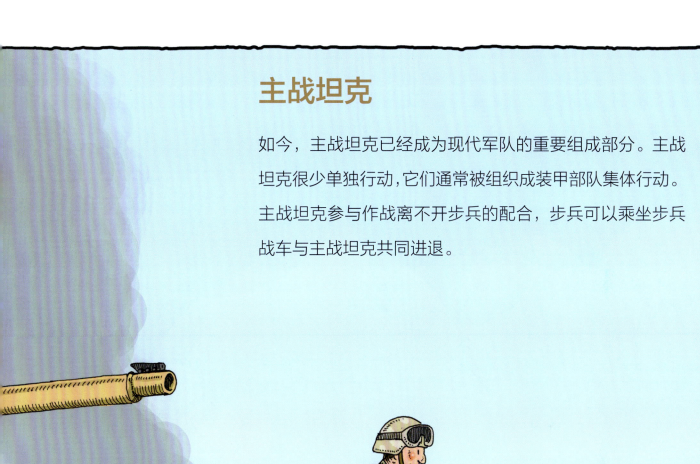

美国 M1 艾布拉姆斯主战坦克

主炮
M1 艾布拉姆斯主战坦克的主炮攻击范围非常大,它可以轻松击中 2.5 千米之外的敌方目标。

装甲
M1 艾布拉姆斯主战坦克由陶瓷等不同材料制成的、防御力惊人的多层复合装甲保护。

潜望镜
当 M1 艾布拉姆斯主战坦克处于战斗状态时,驾驶员必须通过潜望镜才能观察坦克周围的环境。

驾驶员

履带

炮手

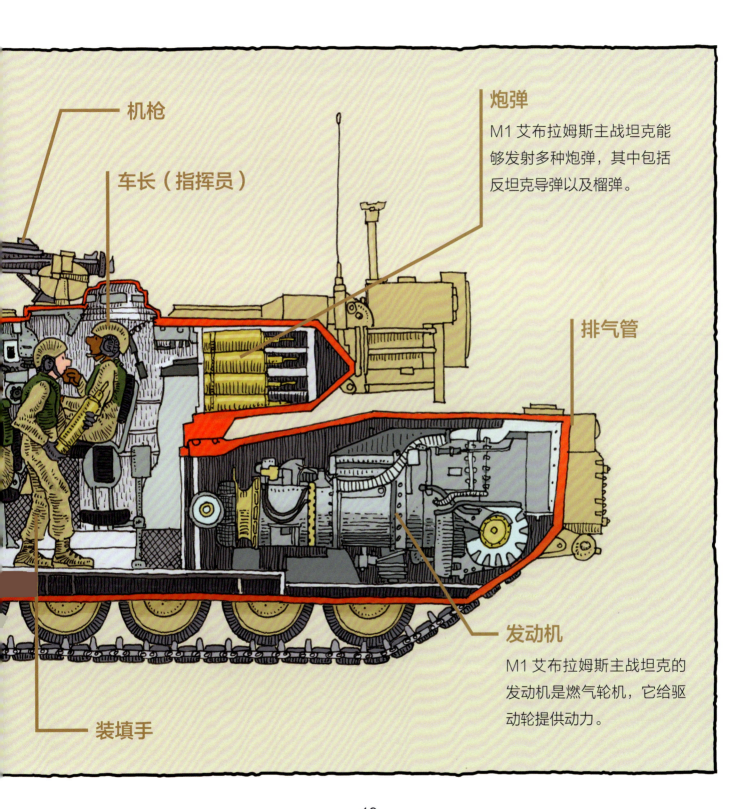

图中所示是布雷德利步兵战车。除了一门机关炮之外,布雷德利步兵战车的一侧还装有一台导弹发射架,炮手可以从这里发射反坦克导弹。

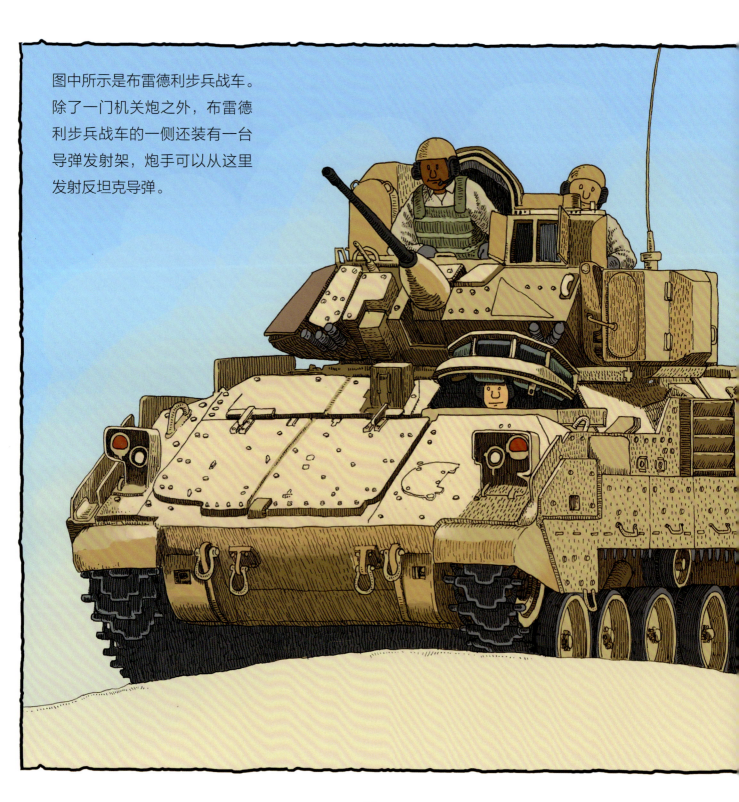

步兵战车

步兵战车是一种特殊的坦克,它们通常被用来运送士兵到指定的作战区域。由于步兵战车拥有一层厚厚的装甲,因此它们能够帮助士兵安全抵达目的地。值得一提的是,在步兵下车之后,步兵战车还能够凭借其射速极快的加农炮为他们提供火力掩护。图中所示的布雷德利步兵战车上有三名士兵,但它的后部舱室还可以搭载六名士兵。

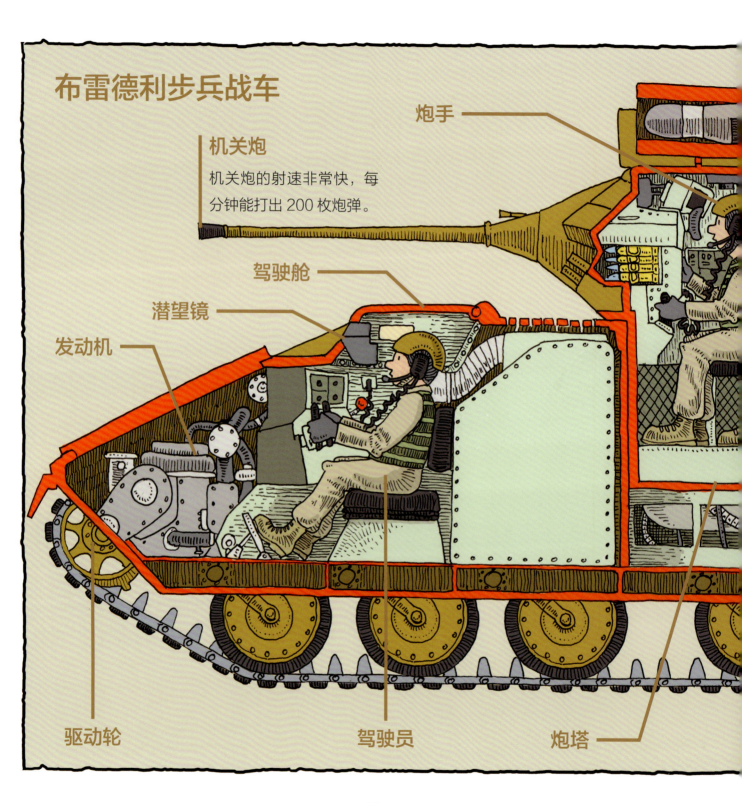

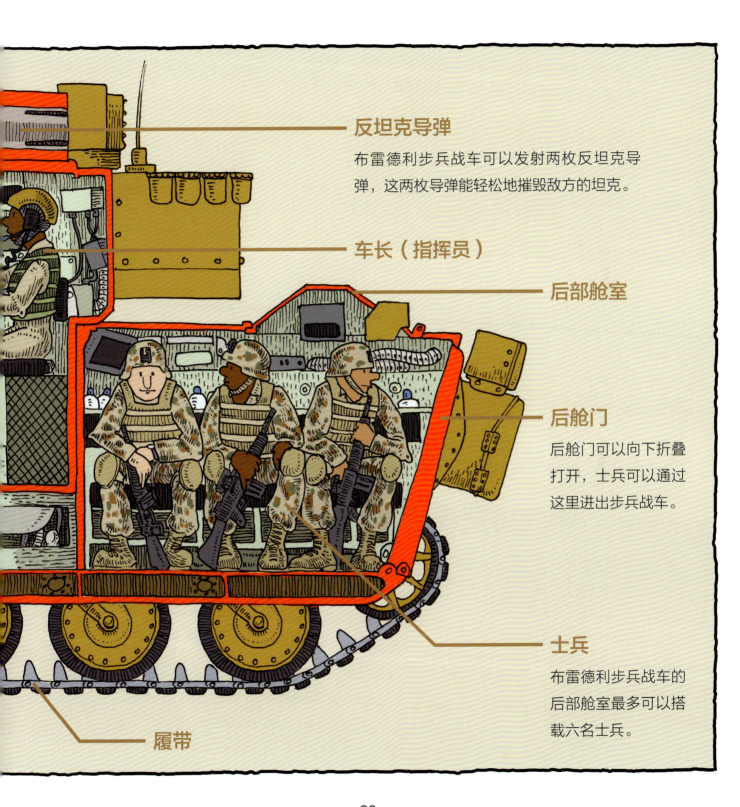

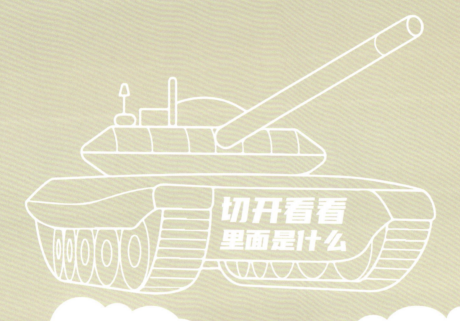

切开看看里面是什么

潜艇　　火车

飞机　　坦克　　赛车　　宇宙飞船

切开看看里面是什么
5
赛 车

［英］大卫·韦斯特 著　　舒丽苹 译
（David West）

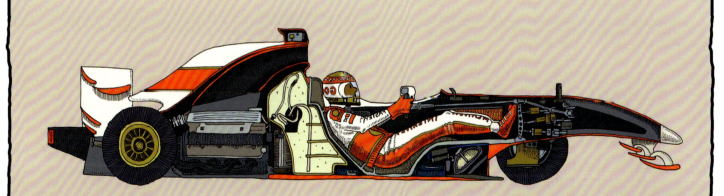

机械工业出版社
CHINA MACHINE PRESS

这是一本向孩子介绍赛车知识的科普书。书中从最早的赛车说起,介绍了赛车运动的兴起以及早期赛车的结构和特点,然后介绍了各种类型的赛车,不仅有全景图,还对每种类型的赛车进行了特殊的切开处理,让孩子们在一张大图上就能清晰地看到赛车的全部构造,并对每一个结构和装置的特点与用途等做出说明,使孩子们能够深入了解赛车。这是一本能引起孩子阅读兴趣、提升孩子观察能力的科普书,可以培养孩子的科学思维与探索精神。

本书适合亲子共读,大点儿的孩子也可以独立阅读。

Copyright © David West Children's Books 2015
版权所有©大卫·韦斯特儿童读物出版社,2015
本书中文简体版权经由锐拓传媒旗下小锐取得(Copyright @ rightol.com)。
Copyright in the Chinese language (simplified characters) © 2022 China Machine Press.
本书由 David West Children's Books 授权机械工业出版社在中国大陆地区(不包括香港、澳门特别行政区及台湾地区)销售。

北京市版权局著作权合同登记　图字:01-2021-2976 号。

图书在版编目(CIP)数据

切开看看里面是什么. 5,赛车 /(英)大卫·韦斯特(David West)著;舒丽苹译. — 北京:机械工业出版社,2022.8
书名原文:What's Inside
ISBN 978-7-111-71019-6

Ⅰ.①切… Ⅱ.①大… ②舒… Ⅲ.①科学知识 – 少儿读物 ②赛车 – 少儿读物 Ⅳ.①Z228.1 ②U469.6-49

中国版本图书馆CIP数据核字(2022)第101466号

机械工业出版社(北京市百万庄大街22号　邮政编码100037)
策划编辑:黄丽梅　　　　责任编辑:黄丽梅
责任校对:韩佳欣　刘雅娜　责任印制:常天培
北京宝隆世纪印刷有限公司印刷
2022年8月第1版第1次印刷
215mm×225mm·1.2印张·8千字
标准书号:ISBN 978-7-111-71019-6
定价:129.00元

电话服务　　　　　　网络服务
客服电话:010-88361066　机　工　官　网:www.cmpbook.com
　　　　　010-88379833　机　工　官　博:weibo.com/cmp1952
　　　　　010-68326294　金　书　网:www.golden-book.com
封底无防伪标均为盗版　机工教育服务网:www.cmpedu.com

目录

- **4**　早期的赛车
- **7**　梅赛德斯 1903
- **8**　单座赛车
- **11**　阿尔法·罗密欧 P3 单座赛车
- **13**　开轮式赛车
- **14**　方程式赛车
- **16**　改装赛车
- **18**　纳斯卡改装赛车
- **20**　短程直线加速赛车
- **22**　Funny Car 直线加速赛车

Contents

早期的赛车

赛车运动兴起于 19 世纪 80 年代，也就是汽油机问世后不久，人们便已经开始从事赛车运动了。那时候的赛车装有巨大的橡胶轮胎车轮，后轮由链传动来驱动。早期的赛车行驶速度仅为 24~32 千米每小时，可靠性也非常差，经常出现故障。

图中所示是 1903 年生产的梅赛德斯赛车，赛车手是比利时的卡米尔·耶纳齐。1903 年，在爱尔兰的公路上举办的、赛道总长为 528 千米的比赛中，卡米尔·耶纳齐驾驶梅赛德斯赛车赢得了戈登·贝内特杯的冠军。

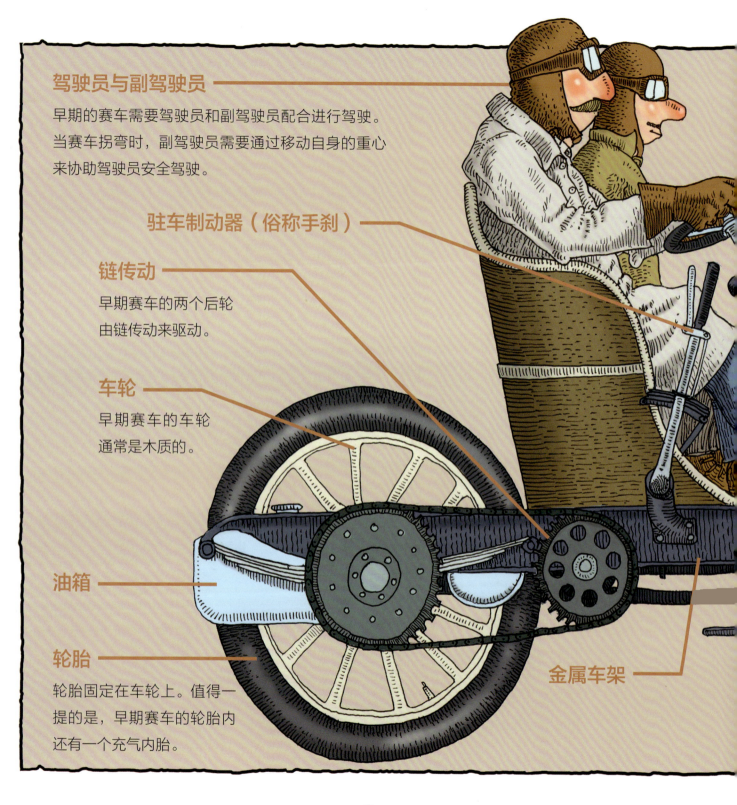

驾驶员与副驾驶员
早期的赛车需要驾驶员和副驾驶员配合进行驾驶。当赛车拐弯时,副驾驶员需要通过移动自身的重心来协助驾驶员安全驾驶。

驻车制动器(俗称手刹)

链传动
早期赛车的两个后轮由链传动来驱动。

车轮
早期赛车的车轮通常是木质的。

油箱

轮胎
轮胎固定在车轮上。值得一提的是,早期赛车的轮胎内还有一个充气内胎。

金属车架

梅赛德斯 1903

脚踏板
脚踏板的作用是改变（包括减慢、加快）赛车的运行速度。

发动机
梅赛德斯 1903 的发动机的功率约为 45 千瓦。

散热器
早期的发动机通过水冷的方式来散热，冷却水通过散热器来泵送。

赛车悬架
梅赛德斯 1903 的悬架由弹性金属薄片制成。

单座赛车

人类历史上第一批单座赛车问世于 20 世纪 30 年代,它们是最早的、专门为赛车运动制造的赛车。图中所示的单座赛车是阿尔法·罗密欧 P3,1932 年,它参加了欧洲大奖赛。这辆赛车的重量非常轻,仅为 680 千克。

阿尔法·罗密欧 P3 单座赛车装有一台八缸增压发动机,它的最高速度能达到 225 千米每小时。

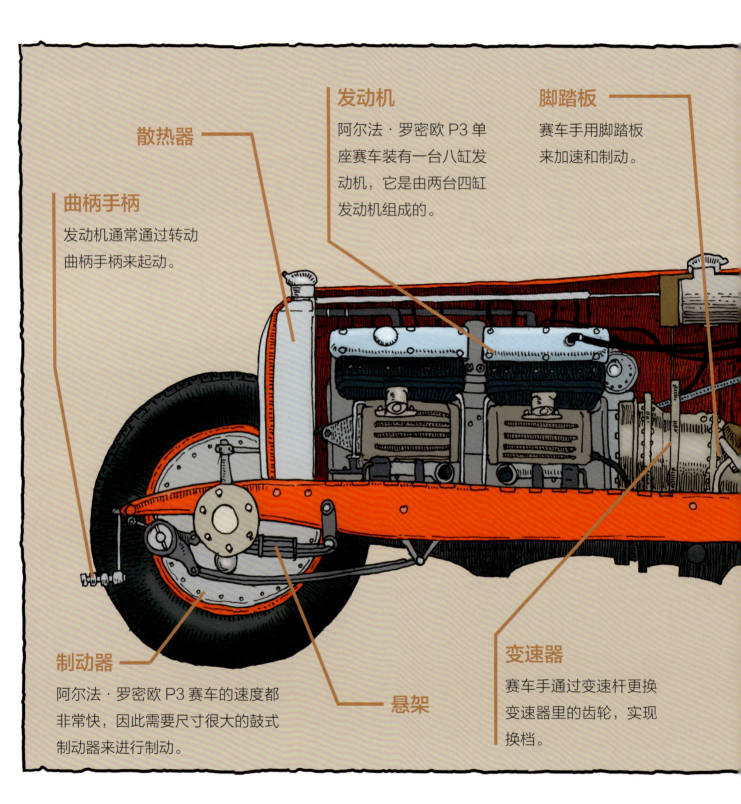

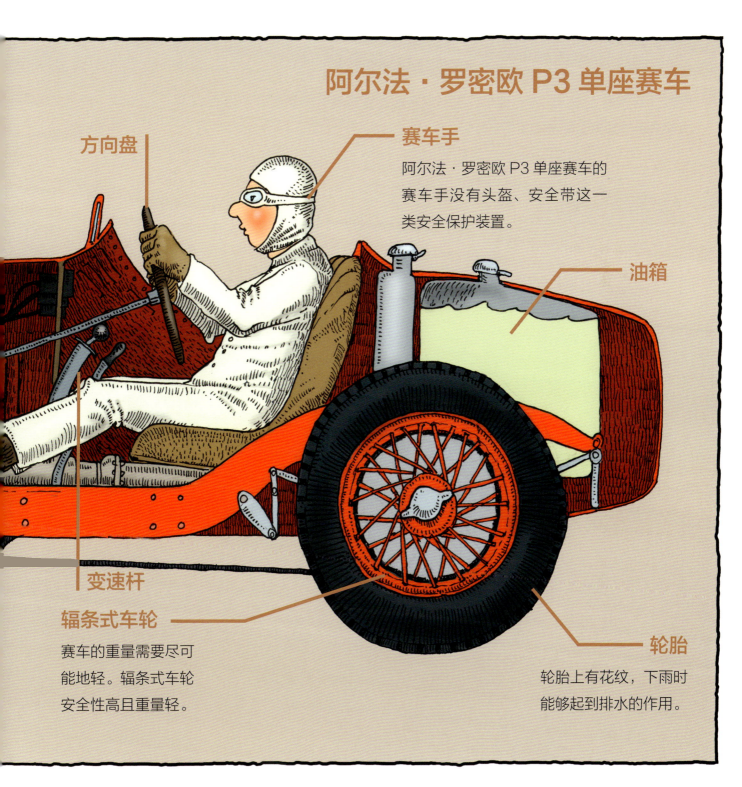

图中所示是一辆一级方程式赛车，它属于开轮式赛车。开轮式赛车可以在专门设计的赛道上进行比赛，也可以在一级方程式锦标赛、印第赛以及纳斯卡大奖赛等的环形公路赛道上进行比赛。

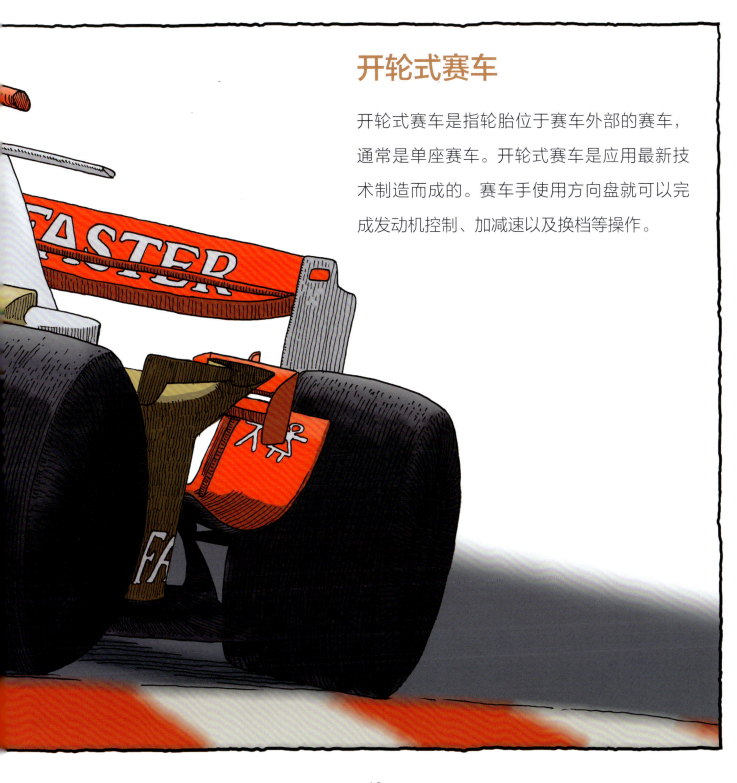

开轮式赛车

开轮式赛车是指轮胎位于赛车外部的赛车,通常是单座赛车。开轮式赛车是应用最新技术制造而成的。赛车手使用方向盘就可以完成发动机控制、加减速以及换档等操作。

方程式赛车

前部防碰撞结构
方程式赛车的前部设计是为了减少碰撞时的冲击力。

脚踏板
赛车手通过脚踏板来控制方程式赛车的速度和进行制动。

方向盘
赛车手通过方向盘来控制方程式赛车的前进方向，使用方向盘上的拨杆来换档。通过方向盘上的按钮和显示器，还可以控制发动机和后扰流板。

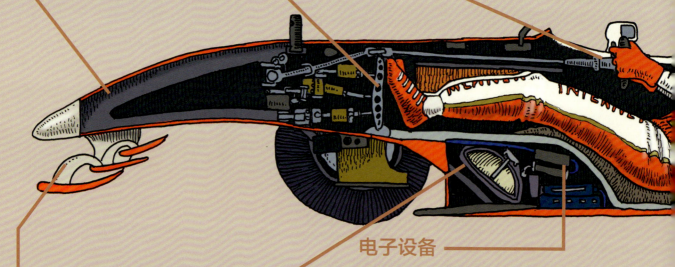

前扰流板
前扰流板能使赛车轮胎牢牢地"压"在赛道上。

灭火器

电子设备
方程式赛车上的电子设备包括车队无线电以及发射器，用于向维修站的工程技术人员发送赛车的各项信息。

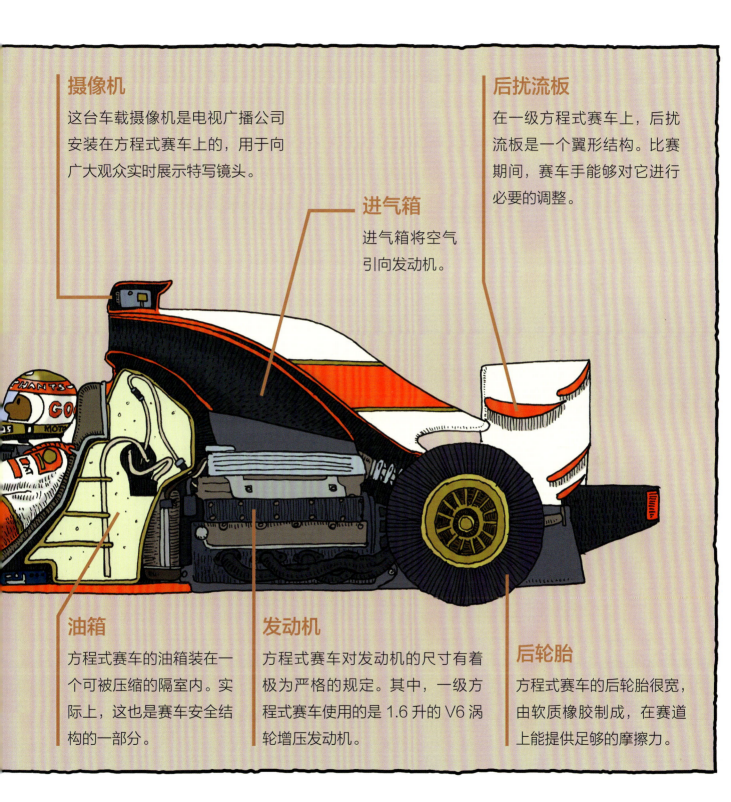

改装赛车

改装赛车的外形看起来很像是一辆普通的民用车，然而大家千万不要被它轻巧、多色的外观所欺骗，因为它是一台严格按照规则专门制造的赛车。改装赛车有多个级别，不过它们看起来都很像普通的民用量产车。所有改装赛车都有相似的发动机和车架结构。

在美国,像雪佛兰这样的汽车有资格参加纳斯卡斯普林特杯系列赛。在该项赛事中,所有车辆在椭圆形的赛道上以大约 306 千米每小时的恒定速度飞驰。

纳斯卡改装赛车

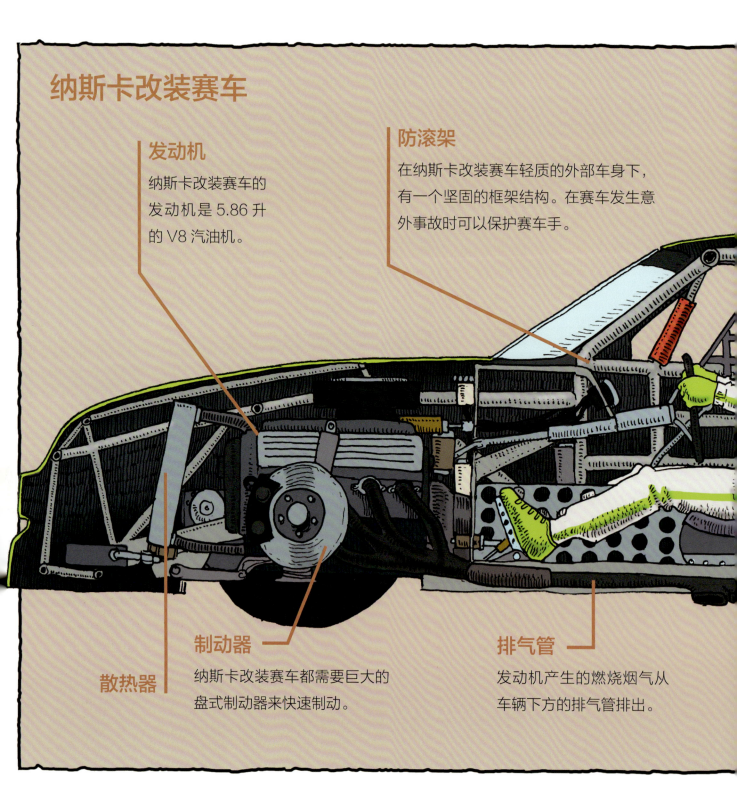

发动机
纳斯卡改装赛车的发动机是 5.86 升的 V8 汽油机。

防滚架
在纳斯卡改装赛车轻质的外部车身下，有一个坚固的框架结构。在赛车发生意外事故时可以保护赛车手。

制动器
纳斯卡改装赛车都需要巨大的盘式制动器来快速制动。

散热器

排气管
发动机产生的燃烧烟气从车辆下方的排气管排出。

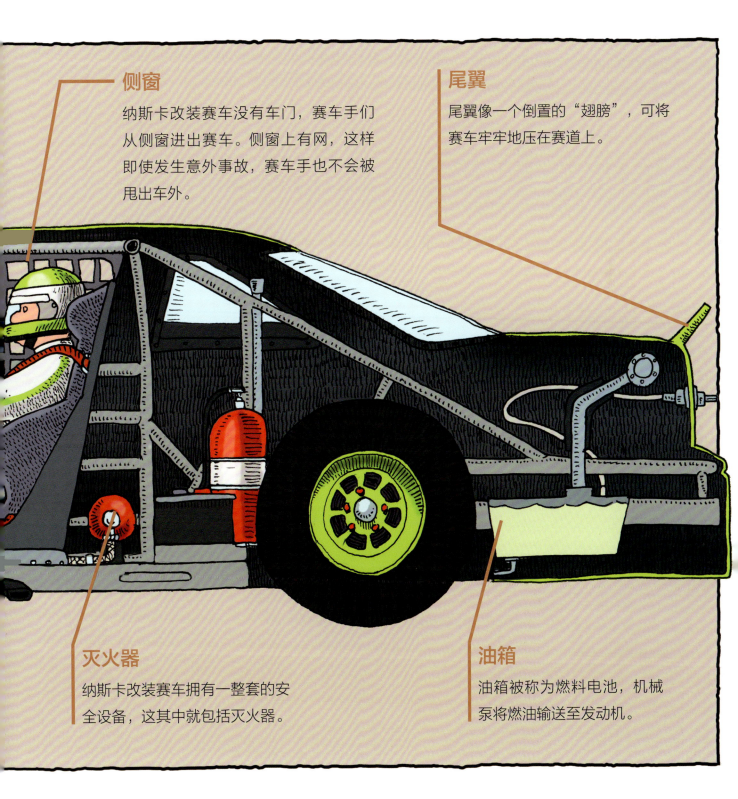

侧窗
纳斯卡改装赛车没有车门，赛车手们从侧窗进出赛车。侧窗上有网，这样即使发生意外事故，赛车手也不会被甩出车外。

尾翼
尾翼像一个倒置的"翅膀"，可将赛车牢牢地压在赛道上。

灭火器
纳斯卡改装赛车拥有一整套的安全设备，这其中就包括灭火器。

油箱
油箱被称为燃料电池，机械泵将燃油输送至发动机。

短程直线加速赛车

短程直线加速赛通常由两辆赛车在一条长度约为305米的直线赛道上进行一对一的较量。一场短程直线加速赛通常会持续4.5秒左右的时间,参赛车辆的速度超过530千米每小时。短程直线加速赛车的外形各不相同,如图所示是一辆Funny Car直线加速赛车,当它在赛道上狂飙时,燃油燃烧所产生的火焰甚至能够从排气管中喷射出来。

在短程直线加速赛开始之前,每一辆参赛车辆都会进行一次"烧胎",这能使较大的后轮温度升高,并在起点附近留下橡胶的黑色痕迹。"烧胎"能够增加后轮在比赛开始那一瞬间的摩擦力。

Funny Car 直线加速赛车

油箱
Funny Car 直线加速赛车使用特殊的燃料。在一场比赛里，它们能够消耗 57 升这种燃料。

车体
Funny Car 直线加速赛车的车身是整体结构，重量很轻。工作人员从前面抬起车体让赛车手进入车内。

发动机
在 V8 发动机的加持之下，Funny Car 直线加速赛车的加速比喷气式战斗机还快。

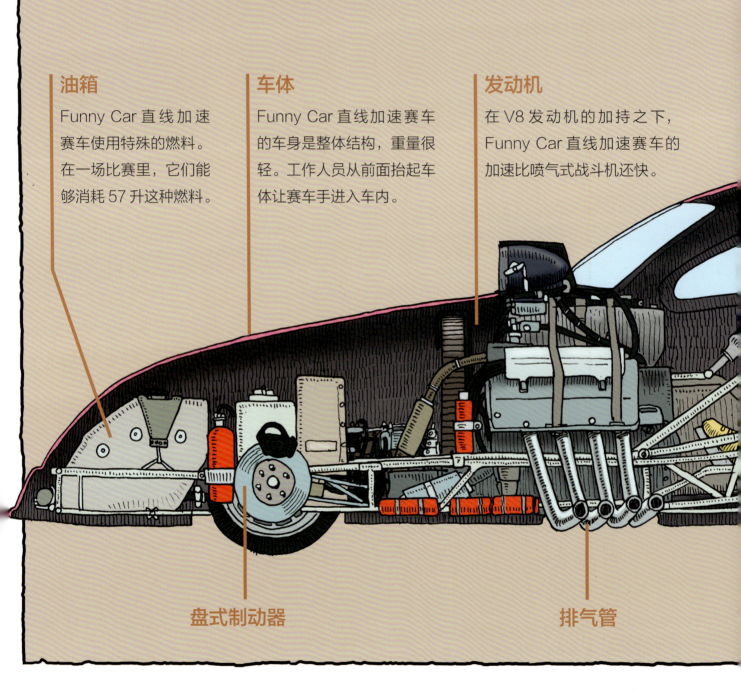

盘式制动器

排气管

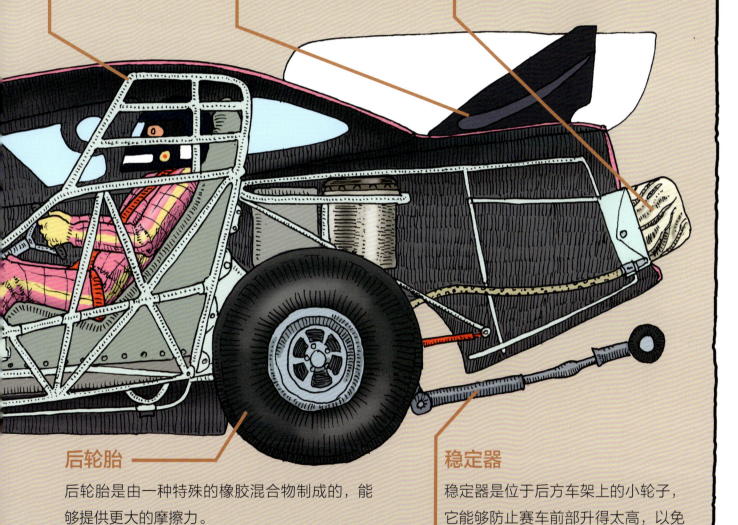

防滚架
防滚架在发生碰撞时保障赛车手的安全。

尾翼和尾鳍
这两种结构能够将赛车牢牢地"黏"在赛道上,并使赛车沿直线行驶。

减速伞
在冲过终点线之后,减速伞能够帮助赛车更快地减速,也能提升车身的稳定性。

后轮胎
后轮胎是由一种特殊的橡胶混合物制成的,能够提供更大的摩擦力。

稳定器
稳定器是位于后方车架上的小轮子,它能够防止赛车前部升得太高,以免翻车。

切开看看里面是什么

宇宙飞船

[英] 大卫·韦斯特 著　　舒丽苹 译
（David West）

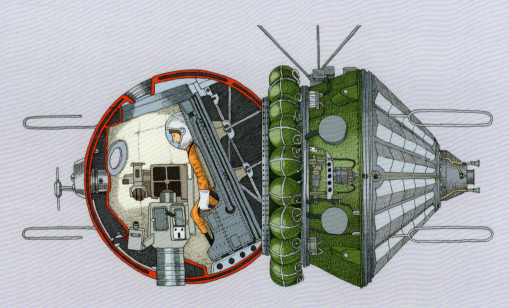

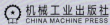

机械工业出版社
CHINA MACHINE PRESS

这是一本向孩子介绍宇宙飞船的科普书。书中从第一艘载人飞向太空的东方一号说起,介绍了宇宙飞船的结构、特点和用途,然后介绍了其他类型的宇宙飞船,不仅有全景图,还对每种类型的宇宙飞船进行了特殊的切开处理,让孩子们在一张大图上就能清晰地看到宇宙飞船的全部构造,并对每一个结构和装置的特点与用途等做出说明,使孩子们能够深入了解宇宙飞船。这是一本能引起孩子阅读兴趣、提升孩子观察能力的科普书,可以培养孩子的科学思维与探索精神。

本书适合亲子共读,大一点儿的孩子也可以独立阅读。

Copyright © David West Children's Books 2015
版权所有 © 大卫·韦斯特儿童读物出版社,2015
本书中文简体版权经由锐拓传媒旗下小锐取得(Copyright @ rightol.com)。
Copyright in the Chinese language (simplified characters) © 2022 China Machine Press.
本书由 David West Children's Books 授权机械工业出版社在中国大陆地区(不包括香港、澳门特别行政区及台湾地区)销售。

北京市版权局著作权合同登记　图字:01-2021-2976号。

图书在版编目(CIP)数据

切开看看里面是什么. 6,宇宙飞船/(英)大卫·韦斯特(David West)著;舒丽苹译. — 北京:机械工业出版社,2022.8
书名原文:What's Inside
ISBN 978-7-111-71019-6

Ⅰ.①切⋯ Ⅱ.①大⋯ ②舒⋯ Ⅲ.①科学知识–少儿读物 ②宇宙飞船–少儿读物 Ⅳ.①Z228.1 ②V476.2-49

中国版本图书馆CIP数据核字(2022)第101465号

机械工业出版社(北京市百万庄大街22号　邮政编码100037)
策划编辑:黄丽梅　　　　　责任编辑:黄丽梅
责任校对:韩佳欣　刘雅娜　责任印制:常天培
北京宝隆世纪印刷有限公司印刷

2022年8月第1版第1次印刷
215mm×225mm·1.2印张·8千字
标准书号:ISBN 978-7-111-71019-6
定价:129.00元

电话服务　　　　　　　　网络服务
客服电话:010-88361066　机 工 官 网:www.cmpbook.com
　　　　　010-88379833　机 工 官 博:weibo.com/cmp1952
　　　　　010-68326294　金　书　网:www.golden-book.com
封底无防伪标均为盗版　　机工教育服务网:www.cmpedu.com

目录

- **5** 东方一号
- **6** 东方 3KA 太空舱
- **8** 登月
- **10** 阿波罗 11 号
- **13** 火箭飞机
- **14** X-15 火箭飞机
- **16** 航天飞机
- **18** 轨道飞行器
- **20** 空天飞机
- **22** 太空船一号

Contents

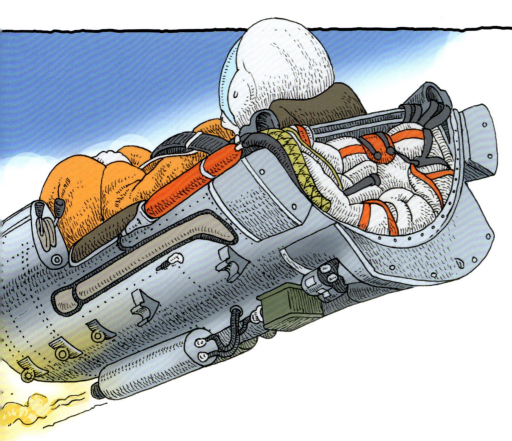

如图所示,一个弹射座椅将苏联航天员加加林从高空中的东方 3KA 太空舱中弹射出去。随后,加加林与弹射座椅分离,并且在降落伞的帮助下安全返回地面。

东方一号

1961 年,苏联航天员尤里·加加林成为历史上第一个进入太空的人类。当时,东方一号宇宙飞船在距离地面约 169 千米的高空绕地球飞行了整整一圈。从东方一号宇宙飞船发射成功到最后安全返回,共历时 1 小时 48 分钟。

东方 3KA 太空舱

返回舱

入口 / 逃生舱
在弹射座椅准备启动时,逃生舱的入口将会提前开启。

舷窗

隔热板
在返回舱的外表面覆盖有一层隔热板,保护返回舱穿越地球大气层时免受高温的影响。

天线

仪器
仪器上的数据显示了太空舱内的空气压力、温度和太空舱在地球轨道上的位置。

弹射座椅
弹射座椅能将航天员从距离地球表面7千米的太空舱中弹射出去。

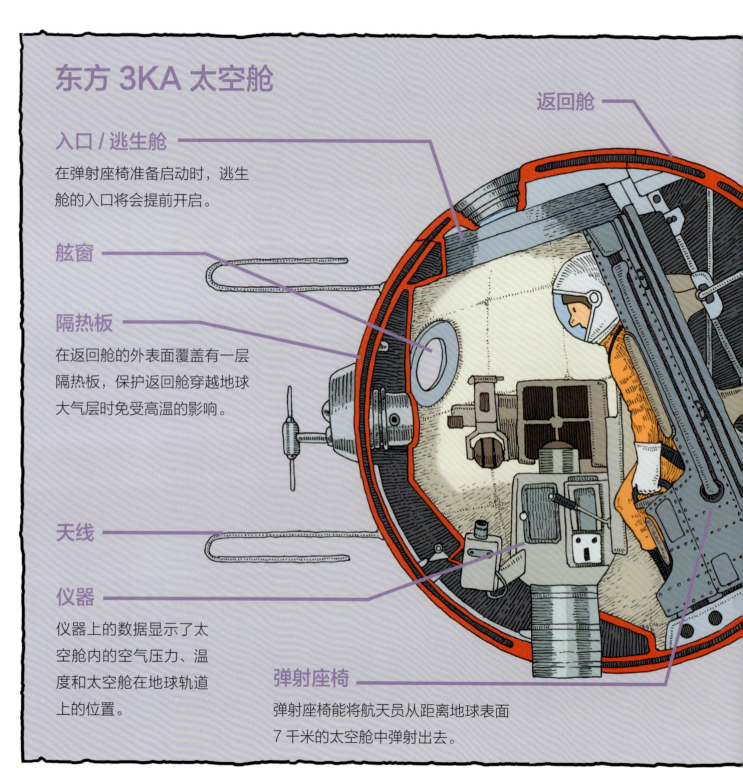

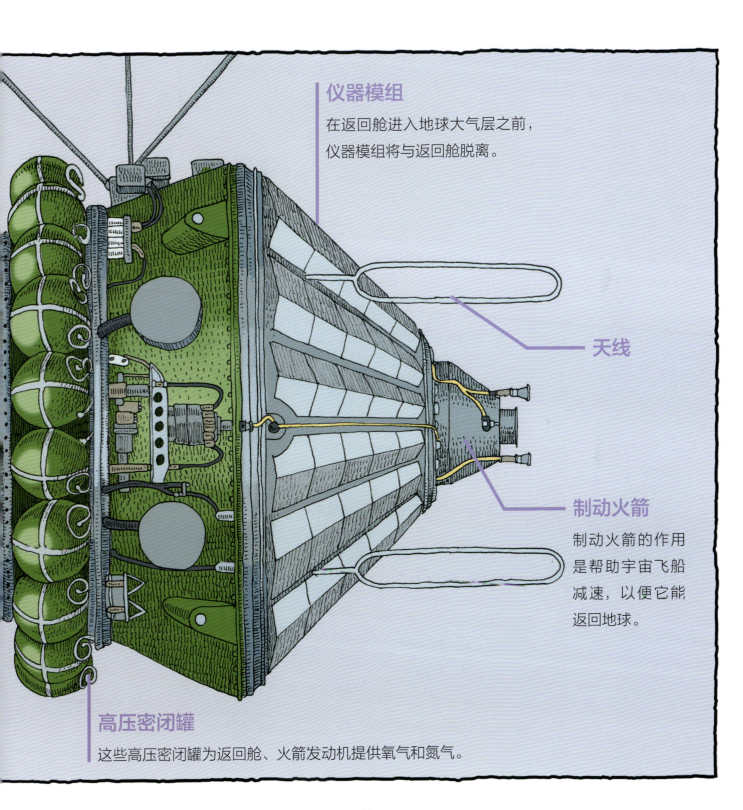

仪器模组 在返回舱进入地球大气层之前,仪器模组将与返回舱脱离。

天线

制动火箭 制动火箭的作用是帮助宇宙飞船减速,以便它能返回地球。

高压密闭罐 这些高压密闭罐为返回舱、火箭发动机提供氧气和氮气。

登月

1969 年，美国航天员尼尔·阿姆斯特朗、巴兹·奥尔德林成为历史上第一批登上月球的人，他们在月球表面行走了大约两个半小时。同一时刻，迈克尔·柯林斯独自驾驶指挥舱进行绕月飞行，直到两名同伴结束月球表面行走、驾驶登月舱上升级返回指挥舱。

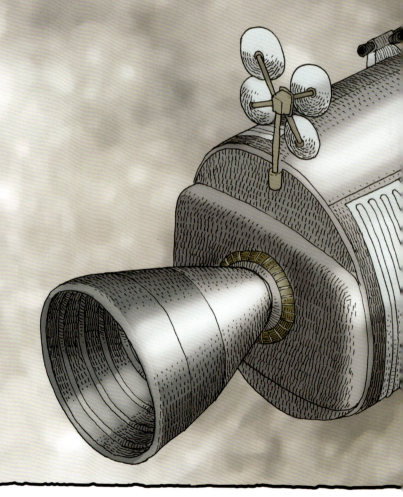

三名航天员乘坐阿波罗 11 号宇宙飞船飞抵了月球。登月时，阿姆斯特朗和奥尔德林进入了他们称之为"鹰"的登月舱。

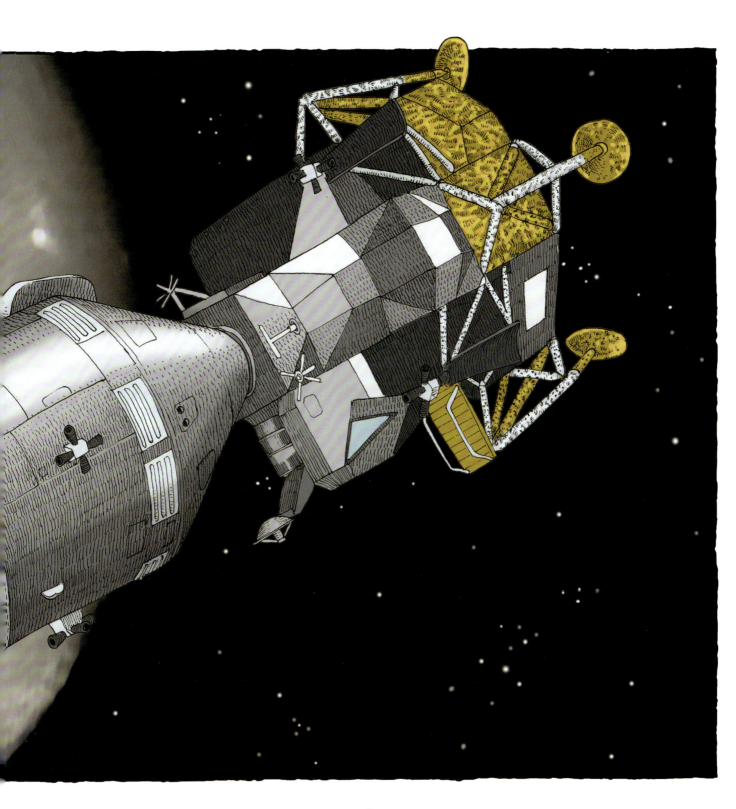

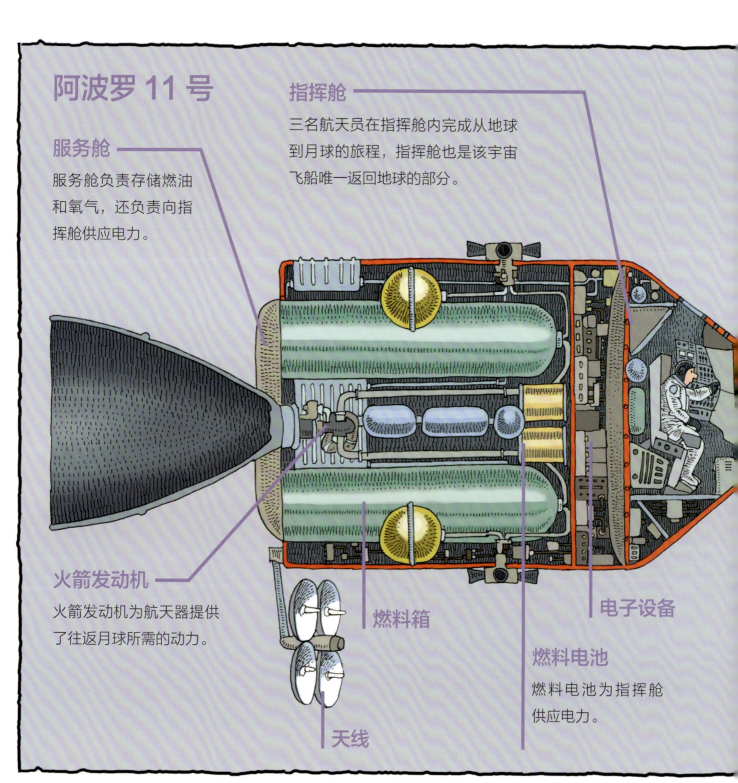

阿波罗 11 号

服务舱
服务舱负责存储燃油和氧气,还负责向指挥舱供应电力。

指挥舱
三名航天员在指挥舱内完成从地球到月球的旅程,指挥舱也是该宇宙飞船唯一返回地球的部分。

火箭发动机
火箭发动机为航天器提供了往返月球所需的动力。

燃料箱

天线

电子设备

燃料电池
燃料电池为指挥舱供应电力。

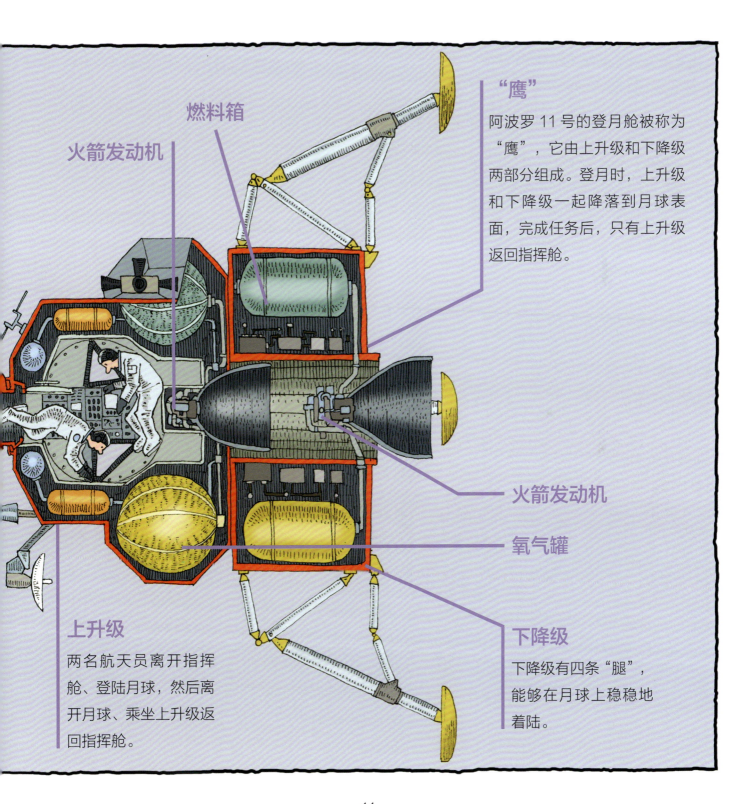

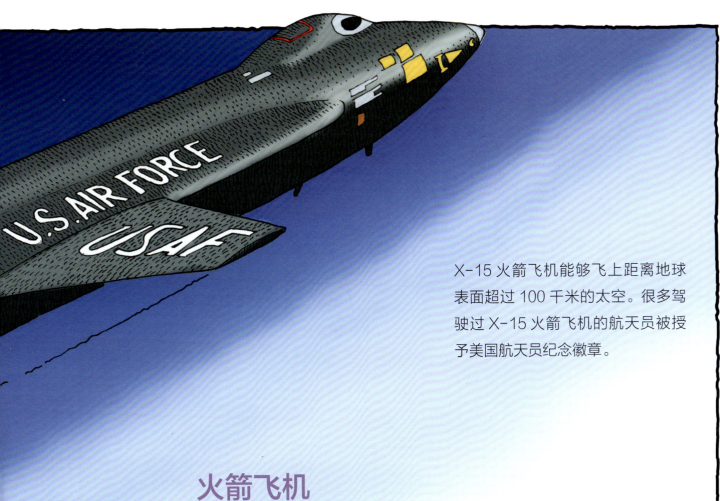

X-15火箭飞机能够飞上距离地球表面超过100千米的太空。很多驾驶过X-15火箭飞机的航天员被授予美国航天员纪念徽章。

火箭飞机

X-15火箭飞机曾是人类历史上飞行速度最快的飞机,它的飞行速度约为7273千米每小时。X-15火箭飞机由火箭发动机驱动,能够飞到距离地球表面107.9千米的太空。为了制造航天飞机,要对众多新材料和新设计理念进行测试,为此诞生了一系列X型火箭飞机,X-15火箭飞机是其中之一。

X-15 火箭飞机

驾驶舱
在密闭的驾驶舱内,航天员通过操纵杆、发动机油门来操控 X-15 火箭飞机。

液氧罐
由于太空中没有空气,火箭发动机需要液氧来帮助燃料燃烧。

电子设备

前起落架

弹射座椅
X-15 火箭飞机内装有弹射座椅,航天员能够被安全地弹射出去。

氦气罐
这里的氦气用于空调和制冷。

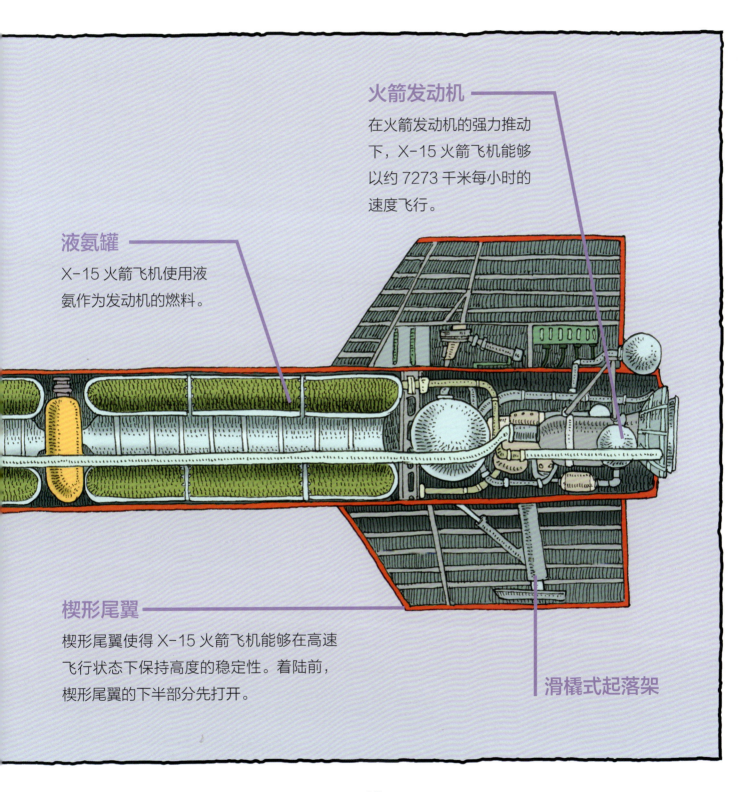

火箭发动机

在火箭发动机的强力推动下，X-15 火箭飞机能够以约 7273 千米每小时的速度飞行。

液氨罐

X-15 火箭飞机使用液氨作为发动机的燃料。

楔形尾翼

楔形尾翼使得 X-15 火箭飞机能够在高速飞行状态下保持高度的稳定性。着陆前，楔形尾翼的下半部分先打开。

滑橇式起落架

航天飞机

航天飞机是一种可以重复使用的航天器。通常情况下，航天飞机由轨道飞行器、外贮箱和固体助推器组成。在航天飞机被发射到太空之后，固体助推器与航天飞机分离，能够被回收、再利用；外贮箱在落回地球时燃烧殆尽。在航天飞机重返地球大气层之后，轨道飞行器滑回基地。

航天飞机最重要的用途是将人造卫星送入太空和对人造卫星进行修理和维护。如图所示，航天飞机正在发射哈勃空间望远镜。航天飞机还被用来向国际空间站运送机组人员以及零部件。

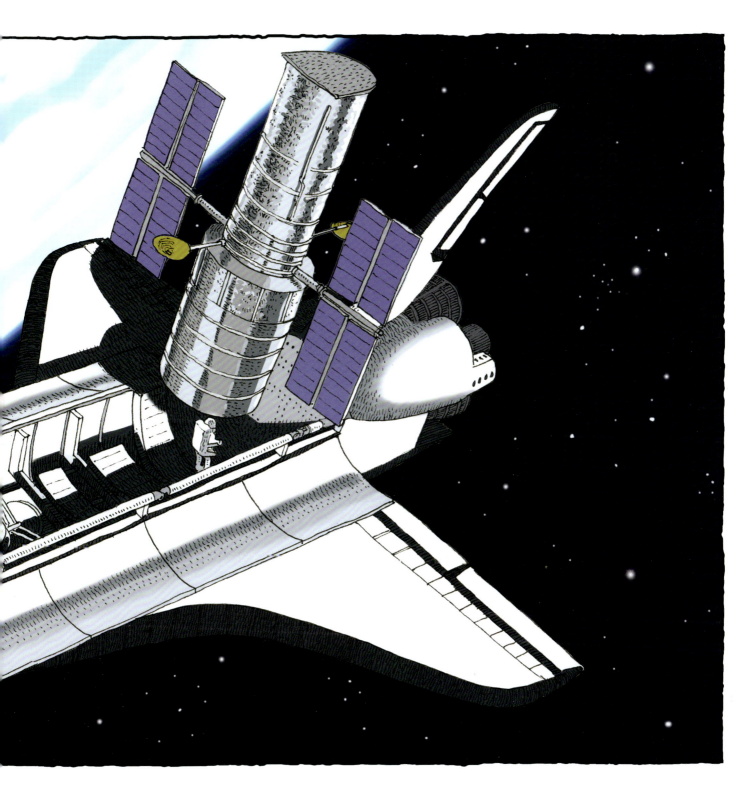

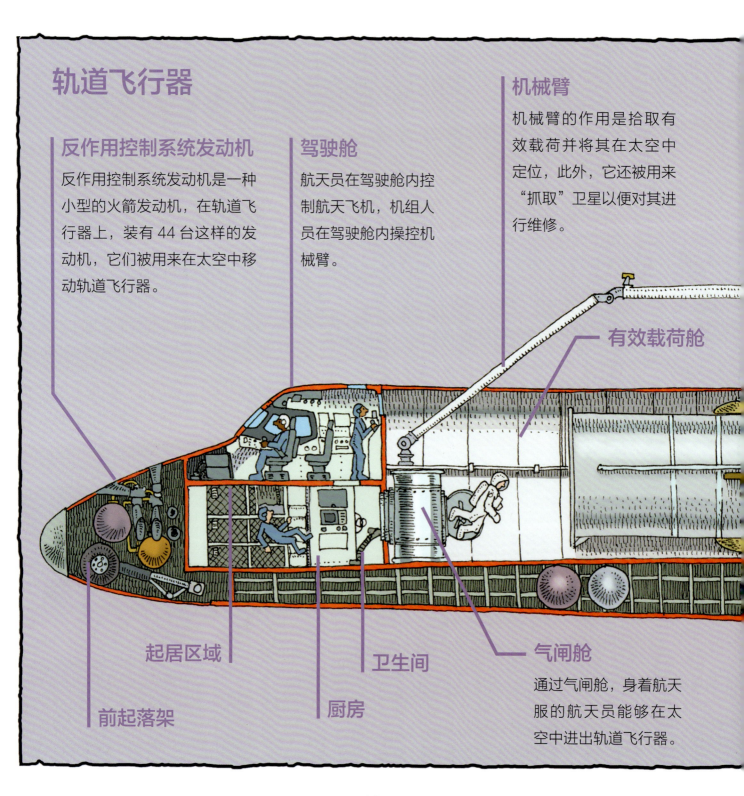

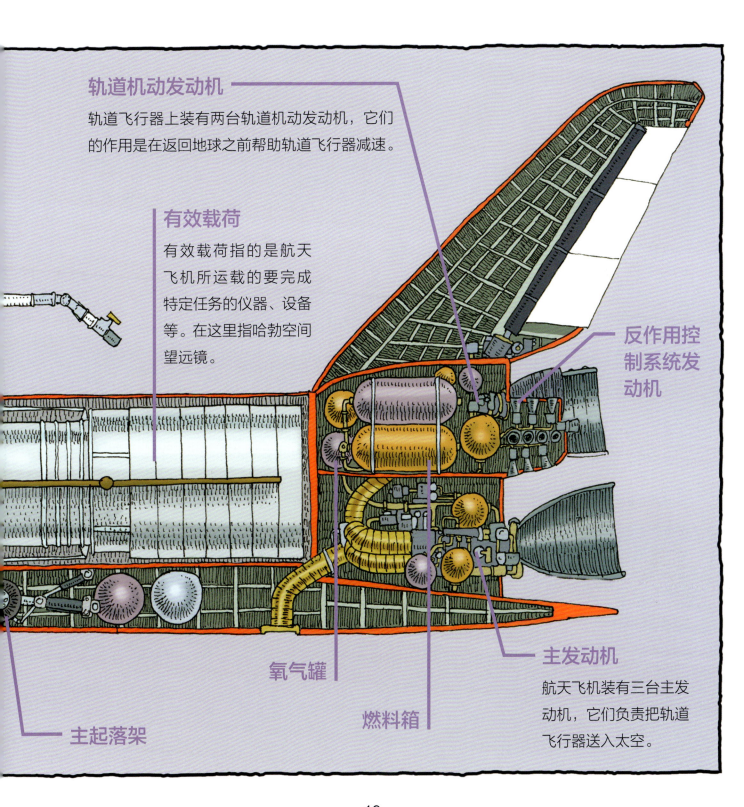

空天飞机

2004 年,"太空船一号"完成了第一次私人载人太空飞行,当时,它在两周内两次飞入太空,赢得了 1000 万美元的安萨里 X 大奖。"太空船一号"的首位航天员名叫迈克·梅尔韦尔,他是历史上第一位受雇于私人公司的航天员。

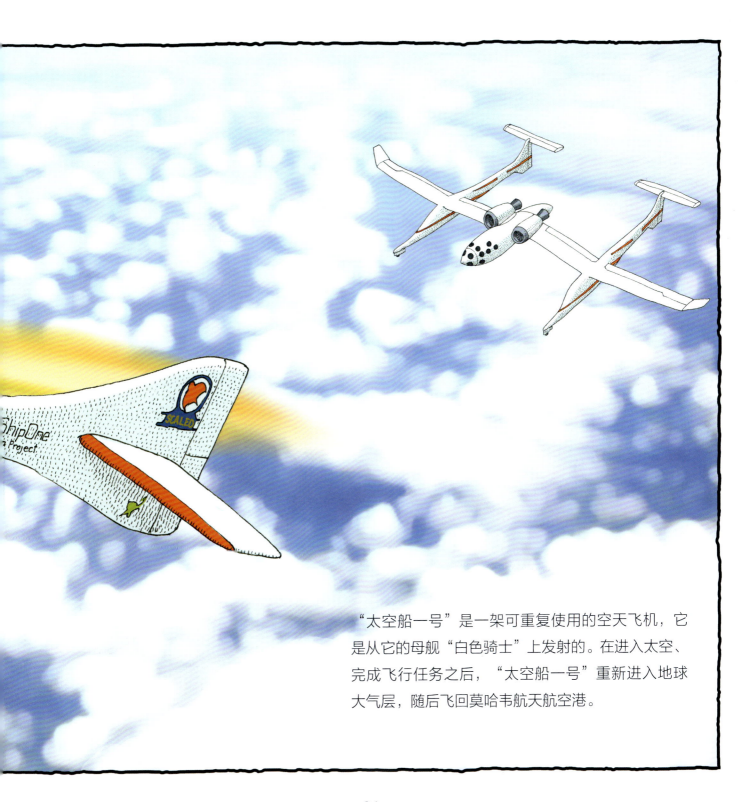

"太空船一号"是一架可重复使用的空天飞机,它是从它的母舰"白色骑士"上发射的。在进入太空、完成飞行任务之后,"太空船一号"重新进入地球大气层,随后飞回莫哈韦航天航空港。

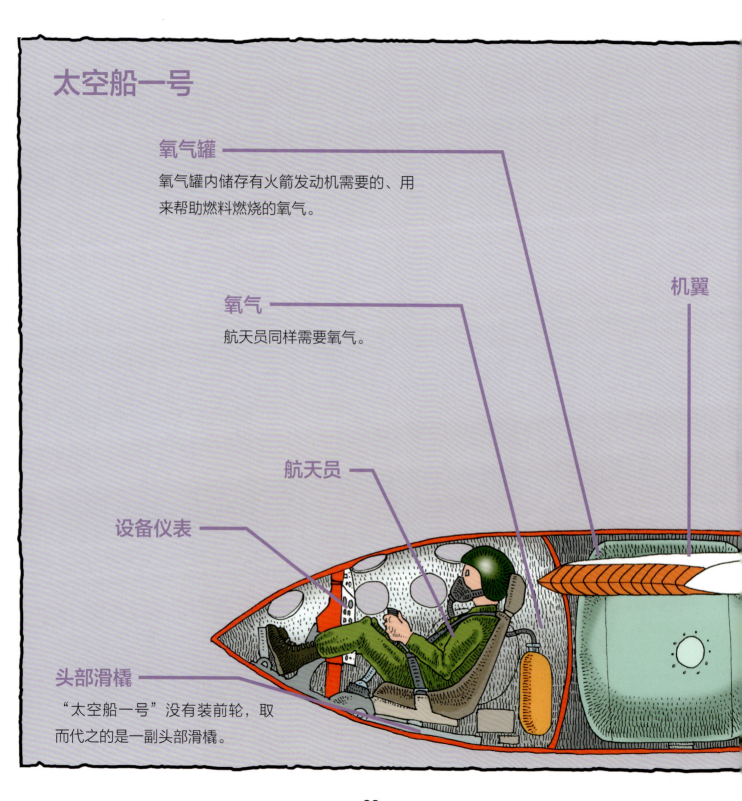

太空船一号

氧气罐
氧气罐内储存有火箭发动机需要的、用来帮助燃料燃烧的氧气。

氧气
航天员同样需要氧气。

机翼

航天员

设备仪表

头部滑橇
"太空船一号"没有装前轮,取而代之的是一副头部滑橇。

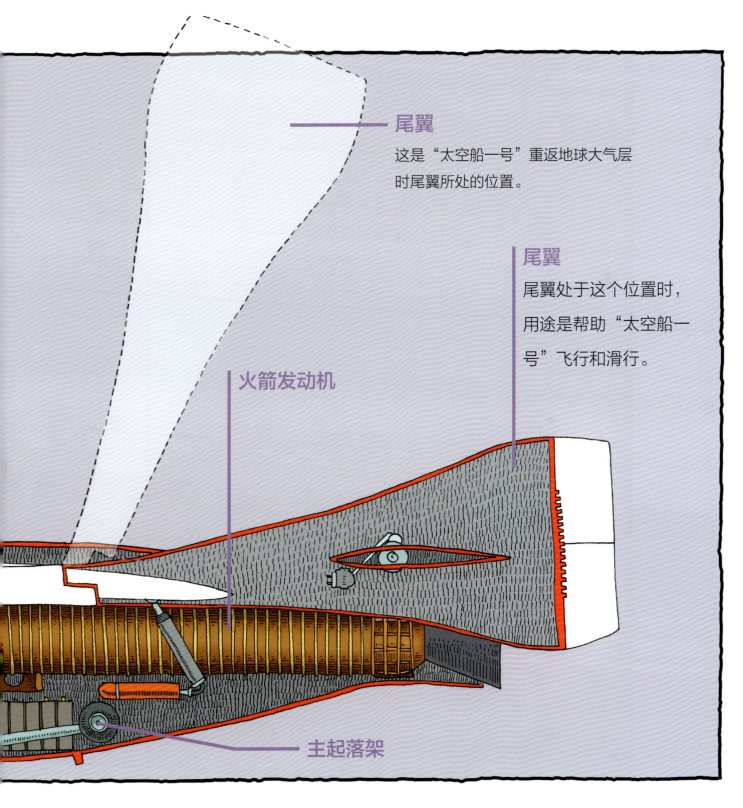

切开看看里面是什么

潜艇　　火车

飞机　　坦克　　赛车　　宇宙飞船